Strafzumessung und Strafvollzug.

Heft I.

Entwurf eines Gesetzes

betreffend den

Vollzug der Freiheitsstrafen

nebst

einigen Abänderungen des Strafgesetzbuchs für das Deutsche Reich.

Von

Dr. Rudolf Medem,
Landgerichtsrath,
Privatdozent bei der Königl. Universität Greifswald.

Separatabdruck aus der „Zeitschrift für die gesamte Strafrechtswissenschaft."
Band VII, S. 135—174.

Berlin und **Leipzig.**
Verlag von J. Guttentag
(D. Collin.)
1886.

Inhalt.

I.

Einleitung.

Um die Notwendigkeit eines Strafvollzugsgesetzes nachzuweisen, bedarf's nicht vieler Worte. Die Geschichte, die diese Angelegenheit bisher gehabt, spricht laut genug.

[1]) Es ist die gegenwärtige Arbeit der erste Schritt, den in meinem Buch „Das deutsche Reichsstrafrecht für die Aufgaben der Strafzumessungslehre, der Kriminalstatistik und der Revision des Strafgesetzbuchs systematisch geordnet," (Berlin 1885) angebahnten Versuch einer Lösung der schwierigsten Probleme des Strafrechts weiterzuführen, und ich muß daher wohl die Gelegenheit ergreifen, auf die meinem Versuch gewordenen Beurteilungen mit einem Wort mich einzulassen.

Dieselben sind sämtlich nicht ungütig — bis auf die eine einzige von E. T. Rubo. Dessen Kritik interessiert hier vielleicht weniger, weil sie mir bescheinigt, daß ich „etwas der Kritik Würdiges nicht geliefert" habe (trotzdem umfaßt sie fast zwei Spalten der deutschen Litteraturzeitung, 1885 S. 1678), als vielmehr wegen der folgenden zwei Sätze: „Der Redaktor zum Reichsstrafgesetzbuche erklärte, daß es überhaupt noch nicht geglückt sei, festzustellen, warum und weshalb gestraft werde. So ist die Willkür der Regulator für die im Strafgesetzbuche geschehenen Strafandrohungen geworden! und Willkür — euphemistisch: einsichtsvolles Ermessen! — ist es heutzutage, was bei relativ bestimmten Strafandrohungen den Richter zur Abmessung der Strafe für den einzelnen Fall

Schon bei der Beratung des Norddeutschen Strafgesetzbuchs war man, wie oft und offen ausgesprochen wurde, darüber sich ganz klar, daß ohne Regelung des Vollzugs der Strafen die große Lücke im Strafgesetze bleibe, daß niemand, so weder der Richter noch der

---

bestimmt." .....„Man sei zufrieden mit demjenigen und lasse, als erst nach mühevollsten Kämpfen glücklichst erworben, es unangetastet, was in Ansehung des Systems das einheitlich deutsche Strafgesetzbuch eingeführt hat."

Mit dem, der diese beiden Sätze nebeneinander auszusprechen vermag, mag ich nicht disputieren, und an seiner Kritik mag ich Kritik nicht üben. Es kommt auf sie auch wenig an, und ich habe sie nur um deshalb hier erwähnen müssen, weil es vielleicht nicht die vereinzelte Meinung eines einzelnen sein mag, daß durch den Satz „es ist noch nicht geglückt festzustellen, warum und weshalb gestraft wird" ein Kriminalist sich nicht solle Kopfschmerzen machen lassen, und daß die Lebensregel „man sei zufrieden" und „lasse unangetastet" ein tröstliches Palladium gegen die Unbequemlichkeiten aller Neuerungsversuche sei. Wäre dies die allgemeinere Meinung der Kriminalisten, dann ade Hoffnung, auf Besserung der bösen kriminellen Zustände! Aber glücklicherweise ist sie das nicht. Im Gegenteile, die übrigen Rezensionen erkennen sämtlich fast übereinstimmend die Notwendigkeit an, die Heilung „des wundesten Punktes unsres Strafrechts" (v. Liszt) wenigstens anzustreben; — und dabei kann ich mich Herrn Rubo gegenüber beruhigen. —

Zu einer irgendwie eingehenderen Polemik bot, wie das „Reichsstrafrecht", so auch die gegenwärtige Arbeit noch keinen Raum. Ich muß mich vielmehr damit begnügen, diejenigen Schriften nur zu nennen, mit denen ich mich demnächst abzufinden haben werde, — zum Teil im Kampf, zum Teil in Güte.

W. Starke. Verbrechen und Verbrecher in Preußen 1854—1878 (Berlin 1884).

Mittelstaedt. Kulturgeschichte und Kriminalstatistik (v. Liszt, Zeitschr. f. d. ges. Strafrechtsw. Bd. 4 S. 391. Berlin 1884).

Aschrott. Betrachtungen über die Kriminalität in Preußen während der Jahre 1872—1882 (Schmoller, Jahrb. f. Gesetzgebung u. s. w. VIII. S. 185. Berlin 1885).

J. Illing. Die Zahlen der Kriminalität in Preußen für 1854—1884 (Berlin 1885).

Schmoelder. Die Strafen des d. Strafgesetzbuchs und deren Vollzug (Berlin 1885).

Emil Tauffer. Beiträge zur neuesten Geschichte des Gefängniswesens in den europäischen Staaten 1883—1884 (Stuttgart 1885).

Derselbe. Die Erfolge des progressiven Strafvollzuges und der eignen Staatsregie in der königl. kroatischen Landesstrafanstalt zu Lepoglava (Berlin 1883).

A. Prins. Criminalité et repression (Bruxelles 1885).

Ω. Σ. Die Verbrecherwelt von Berlin (Berlin 1886).

Im übrigen verweise ich auf den Litteraturnachweis in v. Liszt, Lehrb. des d. Strafrechts (Berlin u. Leipzig 1884) S. 242. —

Verbrecher, wisse, was es bedeute, wenn eine Verurteilung zu Haft, Gefängnis, Festung oder Zuchthaus ausgesprochen werde. Und um dieser Erkenntnis einen unverhüllten Ausdruck zu geben, nahm man im Reichstage des Norddeutschen Bundes am 4. März 1870 zum § 22 Str.G.B. die Resolution an: „den Bundeskanzler aufzufordern, eine Vorlage des Bundesrats herbeizuführen, durch welche die Vollstreckung der Freiheitsstrafen gesetzlich geregelt werde." [2]) Bis zum Erlasse dieses Gesetzes meinte man der Hoffnung sich hingeben zu dürfen, daß die Verwaltungsvorschriften, wie sie bisher in Geltung gewesen, wohl auch noch ferner taugen würden.

Indessen diese Hoffnung schien sich nicht zu bestätigen. Im Gegenteil, bald bildete der Strafvollzug in den Reichs- und Landesvertretungen jahraus jahrein den Gegenstand von Interpellationen, in denen das bestehende Gefangenanstaltswesen in gar sehr heftiger Weise angegriffen wurde.

Es ist nicht nötig, daß wir diese Interpellationen sämtlich erörtern. Die eine, am 18. Februar 1875 im preußischen Abgeordnetenhause von Dr. Roeckerath erhoben, [3]) enthält sie alle; und sie allein geht uns hier auch in sofern an, als sie es war, welche die Entwicklung unsrer Frage fördern half.

Zwei Punkte waren es vornehmlich, über welche sich die Interpellation beschwerte: der Arbeitszwang und die versagte Selbstverpflegung. Die Selbstverpflegung, hieß es, werde nach Willkür bald gewährt und bald versagt, und letzteres vornehmlich den politischen Verbrechern (Sozialdemokraten), obwohl doch selbst das Str.G.B. anerkenne, daß dem Kämpfer für eine Idee eine höhere Achtung zukomme, als dem gemeinen Diebe! Und was den Arbeitszwang anlangt, so sei, entgegen der Tendenz der § 16 Str.G.B., wonach bei der Beschäftigung der Gefangnen auf deren Bildungsgrad Rücksicht genommen werden solle, der Erzbischof von Köln, ein Streiter im Kulturkampf, in die Liste der Gefangnenanstalt als „Kartonagearbeiter, Metallsucher, Sacknäher und Strohflechter" eingetragen worden! gleichwie vor 38 Jahren Gottfried Kinkel, wenn der Abgeordnete Wiggers recht erzählt, in Spandau spulen mußte! [4]) Solch ein Verfahren erschien empörend und schleunigster Abhilfe bedürftig;

---

[2]) Stenogr. Bericht d. Reichst. d. Nordd. Bd. 1870 I. S. 189.

[3]) Stenogr. Bericht d. Preuß. Abg.Haus. 1875 I. S. 332.

[4]) Stenogr. Bericht d. Reichst. d. Nordd. Bd. 1870 I. S. 185.

und weil das in der Resolution vom 4. März 1870 in Aussicht genommene Gesetz so schnell noch nicht erwartet werden konnte, so faßte man inzwischen den Beschluß: „die Staatsregierung aufzufordern, den Strafvollzug vorläufig im Verwaltungswege in einer Weise zu ordnen, daß der Vollzug der Strafe im Sinne des Strafgesetzbuchs sichergestellt werde".

Hierauf erging für Preußen der Ministerialerlaß vom 19. Februar 1876,[5]) in dem die Antwort auf die erhobenen Beschwerden dahin gegeben wurde, daß bei der Gefängnisstrafe die Selbstbeköstigung gänzlich ausgeschlossen und hinsichtlich des Arbeitszwanges gesagt wurde, daß darüber, ob eine Arbeit den Fähigkeiten und Verhältnissen eines Gefangenen angemessen sei, lediglich der Gefängnisvorsteher zu befinden habe. Von irgend welchen Exemtionen für den Kulturkampf oder die Politik war dabei nicht die Rede.

Daß dies als Lösung des Problems von den Interpellanten nicht anerkannt werden konnte, liegt auf der Hand und fand auch scharfen Ausdruck in den Reichstagssitzungen vom 25. Februar 1876 und 4. Januar 1877. Trotzdem verblieb es bei dem Ministerialerlaß. Zwar gab am 14. Mai 1878, auf eine Anfrage des Abgeordneten Windhorst, der Präsident des Reichsjustizamtes die beruhigende Antwort, daß der Gesetzentwurf im Schoße der Regierung schon fast fertig sei, und am 19. März 1879 ist ein solcher Entwurf dem Bundesrate allerdings auch zugegangen.[6]) Aber über das weitere Schicksal desselben ist in die Öffentlichkeit bisher nichts gedrungen. Es ist sogar die Aussicht auf die Emanation des Gesetzes in noch viel weitere Ferne gerückt, seitdem am 16. März 1881 für Preußen ein Reglement für die Gefängnisse der Justizverwaltung[7]) erlassen ist, welches, indem es die technische Seite der Gefängnisverwaltung in umfassender Weise regelt (hinsichtlich der Selbstverpflegung und des Arbeitszwanges übrigens die Bestimmungen des Ministerialerlasses vom 19. Februar 1876 wiederholt), einen Ersatz für das Strafvollzugsgesetz bilden zu sollen scheint.

Und dennoch ist die Frage eine brennende, und sogar nicht bloß in dem Sinne der Interpellationen, sondern fast noch mehr von der entgegengesetzten Seite. Denn während man von der einen

---

[5]) Just.Min.Bl. 1876 S. 38.

[6]) Mitgeteilt von Tauffer im Gerichtssaal. Bd. XXXI (1879) S. 161 bis 220.

[7]) Just.Min.Bl. 1881 S. 50.

Seite die Inhumanität der Gefängnisverwaltung angreift, weil ein Teil der Gefangenen sich in der Gefangenschaft nicht so wohl befindet, als man es ihnen gönnen möchte, so ist viel allgemeiner und viel dringlicher die Klage, daß einem andern und bei weitem größeren Teile der Gefangenen die Gefangenschaft nur gar zu angenehm gemacht wird, so daß durch die krankhafte Überhumanität, mit der man die Verbrecher zu behandeln liebt, man nicht Verminderuug der Verbrechen erzielt, sondern gradezu Vermehrung derselben.

Ob dieser der Justiz gemachte Vorwurf begründet ist, ist hier nicht zu erörtern. An einem andern Orte [8]) bin ich der Frage näher getreten und kann daher darauf verweisen. Aber spricht nicht für die Überhumanität unsrer Gefängnisse schon deutlich genug der große Strom der Landstreicher, die jahraus jahrein sich bei dem Polizeirichter einstellen, um durch dessen Vermittelung Herberge zu finden im Arbeitshause, „im Hause", wie der Landstreicher zu sagen pflegt?!

Und nicht das Arbeitshaus allein übt seine Anziehung; von manchem wird mit Wohlbedacht das Gefängnis vorgezogen. „Mir kam es nur auf Herberge für die paar Wintermonate an," erklärte vor einiger Zeit mir klar und offen ein Zimmermann; darum zog er es vor, undankbar seinen Arbeitgeber zu bestehlen, anstatt zu betteln, weil er die lange Detention im Arbeitshause nicht mochte.

Selbst nicht das Zuchthaus schreckt mehr ab. Zwei kürzlich hier verurteilte Brandstifter: der eine nach vierjähriger (!) Zuchthausstrafe, die er soeben wegen Brandstiftung verbüßt, steckte sofort die Scheunen seiner Vaterstadt in Brand, als er nicht Arbeit fand, wie er sie wünschte, und sich deshalb zurück ins Zuchthaus sehnte. Der andre denunzierte, als er, nach zweijähriger Zuchthausstrafe entlassen, nicht Arbeit fand, so wie sie ihm behagte, selbst gegen sich, daß er vor jener Brandstiftung, wegen welcher er soeben Strafe erlitten, noch eine zweite Brandstiftung verübt habe. Und solche Fälle ließen sich noch mehr erzählen in großer Zahl!

Also Landstreicher, Diebe, Brandstifter im Arbeitshaus, Gefängnis, selbst im Zuchthaus mit der ganz offen ausgesprochenen Ansicht, daß es dort ihnen wohler sei, als draußen! Und wieviel andre kommen zu derselben Ansicht, wenn sie, vorher sich noch vielleicht davor fürchtend, erst selbst das Leben im Zuchthaus und

---

[8]) Reichsstrafrecht S. 7.

im Gefängnis kennen lernen! Kaum unterscheidet sich unsre Gefangenkost von der, wie sie in den Militär-Kasernen verabreicht wird, und womit unsre Brüder im Waffenrock, der Stolz der Nation, zufrieden sind. — So ist's denn auch durchaus nicht bloße Phrase, sondern ganz wahrheitsgemäß, wenn die Briefe, die der Gefangene nach Hause schreibt, fast regelmäßig mit den Worten beginnen: „Ich bin gottlob! noch wohl und munter!"

Und solche Munterkeit des Gefangenen, sie wird erkauft vielfach mit den Thränen seiner Familie, die ohne den Ernährer Not erleidet, und immer mit dem Schweiß des Ehrlichen, der mit harter Arbeit die Gefängnisverwaltungskosten aufbringen helfen muß, und den wohl gar der „muntere" Gefangene vorher um das Seinige gebracht hat!

Daher ist denn auch allgemein und, wie es scheint, nicht unberechtigt der Ruf nach Strafverschärfung; — und nur für die politischen Verbrecher plaidiert man ausnahmsweise im Sinne der Strafmilderung. Indessen wie? Soll von dieser Milderung Vorteil auch ziehen der sog. „Sitzredakteur", ein Mensch, der seinem Stande nach sich im Gefängnis so wohl befindet wie irgend jemand sonst, und der noch gar für die Leiden der Gefangenschaft von seiner Zeitung in Gelde Entschädigung erhält?! Und weiter. Ein Hödel hat s. Z. für sich bessere Behandlung (Zeitungslektüre) verlangt, weil er politischer Verbrecher sei! und sicherlich war er's im eminenten Sinne.... Damit sind alle Prätensionen der politischen Verbrecher abgeschnitten: der Kaisermörder durfte auf Bevorzugung im Gefängnisse keinen Anspruch machen! Und was man Hödel nicht gewähren konnte, der das politische Verbrechen an seiner Spitze repräsentiert, und was man dem Sitzredakteur nicht wird gewähren wollen, der diese Reihe von Verbrechen an ihrem untern Ende schließt, — wie sollten die auf Privilegien Anspruch haben, die in der Mitte stehen?

---

[10]) Reichsstrafrecht S. 2, 16.

	Übertr.	Vergehen.
Einf. Haft	1—5. 6.	7—10. . 16. . 18.
Qualif. Haft	. , . 6.	
Festung	. .	. . . . 20. . 36. 37. 38. 39. 40. . 53. . 59. 60. . 65. 66
Gefängnis	. .	10—15. 16. 17. 18. 19. 20—35. . 37. . 39. 40—52. 53—58. . 60—64. . 66
Zuchthaus	. .	. . . .

So möchte denn das preußische Gefängnisreglement vielleicht doch recht behalten, das, kraß sich auf den Standpunkt der Gleichheit aller vor dem Gesetze stellend, alle auch gleich behandelt wissen will? Aber so sollte auch fernerweit für den Erzbischof Strohmattenflechten und für Gottfried Kinkel Spulen die vom Gesetz gewollte Arbeit bleiben?! Unmöglich! Das kann das letzte Wort in unsrer Angelegenheit nicht sein!

Und in der That, es ist es nicht. Es gibt noch eine andre Lösung des Problems. Indes diese ist nur zu finden, wenn man das Ziel viel weiter steckt, als über Selbstverpflegung und Arbeitszwang Bestimmungen zu treffen, und wenn man die Lösung sucht nicht erst beim Strafvollzugsgesetz, sondern beim Strafgesetzbuch; denn dieses ist es, welches allererst der Revision bedarf, weil das Strafsystem des Strafgesetzbuchs ein Strafvollzugsgesetz geradezu unmöglich macht.[9])

II.

Das Freiheitsstrafsystem des Str.G.B.

Schon formell ist das Freiheitsstrafsystem des Str.G.B. prinziplos, wie sich sofort ergibt, wenn man die Strafrahmenreihe, welche lediglich nach dem Prinzip der Quantität aufgestellt ist, nach den verschiedenen Namen der Freiheitsstrafen ordnet.[10])

---

[9]) v. Liszt, d. Strafr. (1884) S. 239: „Wenn wir von der durchaus ungenügenden Regelung des Vollzugs der Freiheitsstrafe absehen, entspricht das Strafsystem der Reichsgesetzgebung allen billigen Anforderungen. Freilich benimmt jene Lücke im System dem Systeme selbst den größten Teil seines Wertes.“

	Verbrechen.
. 68. . . 74. 75. . . 78. . .	83—87. 88. 89. 90. . 92. 93. . 100. . . . 104. 105. . 109.
67. . 69—73. . . 76. 77. . 79—82.	. . . . 91. . . . . . . 101.
. . . .	. 87. . 89. 90. 91. . 93—99. . 101—103. . 105—108. 109. 110.

Denn wenn Strafen, wie im Str.G.B., nach den Prinzipien der Quantität und Qualität verschieden konstruiert werden, so muß die daraus sich bildende Reihe ein Steigen und Sinken bezüglich dieser Prinzipien zeigen. Die Strafrahmen des Str.G.B. zeigen aber lediglich ein Schwanken hin und her, und verraten so schon formell die Grundmängel des Systems.

Viel bedenklicher aber noch als die formelle Seite ist auf der materiellen dies, daß die qualitativen Unterschiede der Freiheitsstrafen des Str.G.B. in Wirklichkeit nur Schein und Täuschung sind. Dies ergibt die nachfolgende Zusammenstellung jener Unterschiede, wie das Str.G.B. dieselben aufführt.

	I. (Die Haft an sich.)	II. (Straferschwerungen.)	III. (Straferleichterungen.) a.	 b.
Einf. H.:	einf. Freih.-Entz. . . .	. . . .	. . . .	. . . .
Qu. H.:	Freih.-Entz. . . .	Zw. z. angem. Arb. auch Außenarb.	. . . .	. . . .
Fest.:	Freih.-Entz. m. Beaufs. d. L. u. Besch. . .	. . . .	. . . .	8 M. Z. = 12 M. G. = 18 M. F.
Gef.	. . . . .	Zw. z. angem. Arb. (nicht Außenarb.) Einzelhaft	N. a. Arb.	8 M. Z. = 12 M. G. = 18 M. F. vorläuf. Entlass.
Zuchth.:	. . . .	Zw. z. eingef. Arb., auch Außenarbeit, Einzelhaft Amts- u. Milit.-Unf., Infamie.	. . . .	8 M. Z. = 12 M. G. = 18 M. F. vorläuf. Entlass.

Die Unterschiede, welche in **Kolonne I** zu Tage treten, sind nichts als Form. Denn daß eine jede Freiheitsstrafe in „Freiheitsentziehung mit Beaufsichtigung der Beschäftigung und Lebensweise der Gefangenen" bestehen muß, und in der That besteht, ist eine begriffliche und praktische Notwendigkeit, mag dies ausdrücklich ausgesprochen sein, wie bei der Festung,[11]) oder nicht, wie beim Gefängnis und Zuchthaus,[12]) oder mag die Strafe bezeichnet sein als „einfache" Freiheitsentziehung, wie bei der Haft.[13])

In der **Kolonne II** ist dasjenige enthalten, was nach dem Str.G.B. als gesetzliche **Straferschwerungen** anzusehen ist.

---

[11]) § 17 Str.G.B. Abs. 4: „Die Strafe der Festungshaft besteht in Freiheitsentziehung mit Beaufsichtigung der Beschäftigung und Lebensweise der Gefangenen."

[12]) §§ 14 u. 16 Str.G.B.

[13]) § 18 Str.G.B. Abs. 2: „Die Strafe der Haft besteht in einfacher Freiheitsentziehung."

Dieser Charakter kommt zunächst der Infamie,[14]) welche den Zuchthäusler trifft, ganz unbedenklich zu. Indessen übt dieselbe ihre Wirkung kaum sehr während der Haft selbst, und ist daher wohl eine Straferschwerung, kaum aber eine Hafterschwerung, und somit in dieser Beziehung die Zuchthausstrafe keine schwerere als alle andern!

Dasselbe gilt von der Amts- und Militärunfähigkeit[15]) des Zuchthäuslers. Hier aber tritt noch das hinzu, daß diese Unfähigkeit zugleich Befreiung von Pflichten mit sich bringt; und gar nicht so undenkbar ist es, daß mancher sich durch diese Befreiung für die Unfähigkeit reichlich entschädigt fühlt, so daß für ihn (!) hinsichtlich dieses Punktes die Zuchthausstrafe gar günstiger ist als alle andern!

Es bleiben übrig: Einzelhaft und Arbeitszwang, die nach dem Str.G.B. als die eigentlichen Kennzeichen der schwereren Freiheitsstrafen, d. i. Zuchthaus, Gefängnis und qualifizierte Haft, gegenüber den leichteren, d. i. Festung und einfache Haft, gelten. Sie sind indessen Hafterschwerungen nur in gar sehr bedingter Weise.

Die Einzelhaft[16]) zunächst ist für die „besseren" Gefangenen, die das Alleinsein der Verbrechergesellschaft vorziehen, ganz unbedenklich eine Hafterleichterung. Und wenn etwa andre Gefangene anders denken sollten, so ist für sie gerade die Gewährung der Gesamthaft in Wirklichkeit doch keine Wohlthat.

Beim Arbeitszwang sodann hat man zu unterscheiden:

---

[14]) § 20 Str.G.B.: „Wo das Gesetz die Wahl zwischen Zuchthaus und Festungshaft gestattet, darf auf Zuchthaus nur dann erkannt werden, wenn festgestellt wird, daß die strafbar befundene Handlung aus einer ehrlosen Gesinnung entsprungen ist."

[15]) § 31 Str.G.B.: „Die Verurteilung zur Zuchthausstrafe hat die dauernde Unfähigkeit zum Dienste in dem deutschen Heere und der Kaiserlichen Marine, sowie die dauernde Unfähigkeit zur Bekleidung öffentlicher Ämter von Rechtswegen zur Folge."

[16]) § 22 Str.G.B.: „Die Zuchthaus- und Gefängnisstrafe können sowohl für die ganze Dauer, wie für einen Teil der erkannten Strafzeit in der Weise in Einzelhaft vollzogen werden, daß der Gefangene unausgesetzt von andern Gefangenen getrennt gehalten wird.

Die Einzelhaft darf ohne Zustimmung des Gefangenen die Dauer von drei Jahren nicht übersteigen."

1. den beschränkten Arbeitszwang zu „angemessenen" Arbeiten (bei qualifizierter Haft und Gefängnis),[17])

2. den unbeschränkten Arbeitszwang zu allen „in der Anstalt eingeführten" Arbeiten (bei Zuchthaus),[18])

3. den Zwang zur „Außenarbeit" (bei qualifizierter Haft und Zuchthaus).[19])

Beginnen wir mit der letzteren.

Der Zwang zur Außenarbeit könnte allerdings zur schwersten Hafterschwerung werden, wenn er geübt würde gegen diejenigen Gefangenen, die sich der Außenarbeit schämen. Indessen darf man ja wohl ohne weiteres überzeugt sein, daß solch ein inhumaner und höchst unpädagogischer Zwang niemals geübt wird. Für diejenigen dann aber, die sich der Außenarbeit nicht schämen, ist sie geradezu die größte Hafterleichterung, zumal dann, wenn Gefangene in größerer Anzahl zur Landarbeit verschickt werden mit eignem Logement, guter Verpflegung, fortdauernder Bewegung in der freien Luft, — kaum noch als Strafe fühlbar!

Der unbeschränkte Arbeitszwang ferner unterscheidet sich von dem beschränkten dadurch, daß hier die erzwungene Arbeit den „Fähigkeiten und Verhältnissen des Gefangenen angemessen" sein, dort aber diese Beschränkung fortfallen soll. Dennoch fällt sie nicht

---

[17]) § 16 Str.G.B. Abs. 2: „Die zur Gefängnisstrafe Verurteilten können in einer Gefangenanstalt auf eine ihren Fähigkeiten und Verhältnissen angemessene Weise beschäftigt werden;"

§ 362 Str.G.B.: „Die nach Vorschrift des § 361 Nr. 3 bis 8 zur Haft Verurteilten können zu Arbeiten, welche ihren Fähigkeiten und Verhältnissen angemessen sind, innerhalb — — der Strafanstalt angehalten werden."

[18]) § 15 Str.G.B. Abs. 1: „Die zur Zuchthausstrafe Verurteilten sind in der Strafanstalt zu den eingeführten Arbeit anzuhalten."

[19]) § 16 Str.G.B. — Die zur Gefängnisstrafe Verurteilten u. s. w."

Eine Beschäftigung außerhalb der Anstalt ist nur mit ihrer Zustimmung zulässig."

§ 15 Str.G.B.: „Die zur Zuchthausstrafe Verurteilten u. s. w.

Sie können auch zu Arbeiten außerhalb der Anstalt, insbesondere zu öffentlichen oder von einer Staatsbehörde beaufsichtigten Arbeiten verwendet werden. Diese Art der Beschäftigung ist nur dann zulässig, wenn die Gefangenen dabei von andern freien Arbeitern getrennt gehalten werden."

§ 362 Str.G.B.: „Die nach Vorschrift des § 361 Nr. 3 bis 8 zur Haft Verurteilten können zu Arbeiten, welche ihren Fähigkeiten und Verhältnissen angemessen sind, innerhalb, und, sofern sie von andern freien Arbeitern getrennt gehalten werden, auch außerhalb der Strafanstalt angehalten werden."

fort! Zunächst nicht was die Beschränkung auf die „Fähigkeiten" des Gefangenen anlangt; denn jemand zur Arbeiten, zu denen er (intellektuell oder körperlich) „nicht fähig" ist, zu zwingen, ist nicht möglich. Aber auch nicht, was „die Verhältnisse" des Gefangenen anlangt. In dem Gesetz ist dabei übrigens an eine Hafterschwerung als solche eigentlich auch nicht gedacht. Es hat vielmehr nur dafür Vorsorge getroffen werden sollen, daß man auch für die niedrigen und sog. „schmutzigen" Arbeiten (Kartoffelschälen und sonstige Küchenarbeit, Heizung und Reinigung der Zellen, Zu- und Abtragen des Essens und Trinkens, Abtragen der Nachtgeschirre, Reinigung der Kloaken und dergl.) die Arbeitskräfte der Gefangenanstalt benutzen dürfe, um nicht Kräfte von außerhalb herbeiziehen zu müssen, — also lediglich aus technischen Gründen. Wiederum aus technischen Gründen wird nun wohl in einem jeden Zuchthause von dem zulässigen unbeschränkten Arbeitszwang nur der beschränkte Gebrauch gemacht werden, daß man diese Arbeiten nur denen überträgt, deren „Verhältnissen" sie angemessen sind. Hiervon abzuweichen und ohne zwingende (technische) Gründe zu der schmutzigen Arbeit den bisher daran nicht gewöhnten Gefangenen zu zwingen, wäre eine nicht zu rechtfertigende Inhumanität, die, wie man überzeugt sein darf, nirgends vorkommt; zumal man einen solchen Zwang nur nach der einen Seite hin zur Hafterschwerung machen kann, nämlich nur dem feiner gewöhnten Gefangenen (dem Erzbischof) gegenüber, nicht aber gegenüber dem andern (dem Strolch), dem solche Arbeiten schon in der Freiheit die gewohnten waren.

Der beschränkte Arbeitszwang endlich, der Arbeitszwang an sich kann als ein die Haft erschwerendes Ungemach nur dem erscheinen, der von dem Leben in der Gefangenanstalt keine Anschauung hat.[20]) Es existiert bekanntlich für diejenigen, die Lust zur Arbeit haben, der Begriff eines Arbeitszwanges an sich überhaupt nicht; für sie ist Zwang zur Unthätigkeit das weitaus größere Ungemach. Nun sind aber in der Gefangenschaft die allermeisten Menschen arbeitslustig! Selbst der verlotterte Landstreicher, nach wenigen Wochen langweiligen Ausruhens kommt er und bittet um Arbeit, als um eine Wohlthat, — andre Gefangene schon viel früher. So faßt auch das Gesetz selbst die Sache auf, indem es dem Ge-

[20]) Mir kann ich hier bescheinigen, daß ich seit Jahren bei der Leitung des hiesigen Zentralgefängnisses (70—100 Gefangene) beschäftigt gewesen bin, zum Teil, als Untersuchungsrichter, es noch bin.

fängnissträfling ein Recht auf Arbeit[21]) gibt. So fassen die Sache auch alle Gefängnisreglements auf, welche die Zulassung zur Arbeit als Lohn für gutes Verhalten hinstellen, die Entfernung davon als Strafe. Dazu kommt noch, daß in der Befugnis der Gefangenanstalt „zur Beaufsichtigung der Beschäftigung" der Gefangenen sehr wohl auch die Befugnis gefunden werden kann, darauf zu halten, daß die Gefangenen nicht unbeschäftigt sind (denn Müßiggang ist aller Laster Anfang). Es würde daher ein Reglement, welches in diesem Sinn einen Arbeitszwang auch für die Festungs- und die einfache Haft einführte, nicht wohl als dem Gesetz zuwiderlaufend angesehen werden können.

Aus vorstehendem ergibt sich, daß auch der Inhalt der Kolonne II ebensowenig wie der der Kolonne I einen Unterschied der Freiheitsstrafe begründet.

Dasselbe gilt von der Kolonne IIIa, welche als eine besondere Erleichterung der Gefängnisstrafe das schon erwähnte Recht des Gefängnissträflings auf „angemessene" Arbeit aufweist, ein Recht jedoch, das so ziemlich in der Luft schwebt; denn jeder mit dem Gefängniswesen Vertraute weiß, wie schwer es oft ist, nur überhaupt Arbeit für die Gefängnisse zu beschaffen, und nun gar „angemessene" Arbeit für jeden einzelnen Gefangenen!

Hiermit sind die gesetzlichen qualitativen Unterschiede der Freiheitsstrafen erschöpft. Wir haben gesehen: sie stehen alle nur auf dem Papier und geben einen wirklichen Unterschied der Freiheitsstrafen nicht![22])

Ganz anderes gilt dagegen von den letzten zu besprechenden Punkten (Kolonne IIIb): der vorläufigen Entlassung bei Zuchthaus und Gefängnis, und dem Maßverhältnis[23]) zwischen Zuchthaus, Gefängnis und Festung: hierdurch wird quan-

---

[21]) § 16 Str.G.B.: „Die zur Gefängnisstrafe Verurteilten können in einer Gefangenanstalt auf eine ihren Fähigkeiten und Verhältnissen angemessene Weise beschäftigt werden; auf ihr Verlangen sind sie in dieser Weise zu beschäftigen."

[22]) Diese qualitative Gleichheit, so falsch sie an sich ist, bot doch die einzige Möglichkeit, sämtliche Strafen des Str.G.B. in eine Strafrahmenreihe zusammenzustellen, und so einen Überblick über das Strafensystem des Str.G.B. zu gewinnen. Reichsstrafrecht S. 8 u. 16.

[23]) § 21 Str.G.B.: „Achtmonatliche Zuchthausstrafe ist einer einjährigen Gefängnisstrafe, achtmonatliche Gefängnisstrafe einer einjährigen Festungshaft gleich zu achten."

titativ das Zuchthaus **zu der leichtesten,** die Festungsstraf **zu der schwersten** von allen dreien!

Gesetzt, es wären zwei Komplicen gleichmäßig zu einer Festungsstrafe von 18 Monaten verurteilt; der eine von den beiden säße aber schon im Zuchthaus, und zwar auf ein Jahr, und es müßte für ihn die Festungsstrafe in Zuchthausstrafe umgerechnet werden, so würde er statt der erkannten 18 Monate nur 8 Monate [24]) zu verbüßen haben (neben den 12 Monaten, die ihm schon auflagen); und hat er von der, zusammen nunmehr 20 Monate betragenden Strafzeit drei Vierteile, im ganzen also 15 Monate, verbüßt, so könnte er zur vorläufigen Entlassung kommen. Er hätte dann also statt der erkannten 18 Monate Festung nur 3 Monate in (Zuchthaus-) Haft gesessen: — seinem Genossen, dem Festungssträfling, öffnet sich die Haft nicht vor vollständigem Verlauf der 18 Monate (wie, im ähnlichen Falle, dem Gefängnissträfling nicht vor 12 Monaten)! Nimmt man gar größere Zahlen, z. B. 4 Jahre Zuchthaus = 6 Jahre Gefängnis = 9 Jahre Festung, so kann der Zuchthäusler schon nach 3 Jahren zur Entlassung gelangen und in den 6 Jahren seiner früheren Entlassung schon wieder zu Vermögen und zur Reparation seiner Ehre gekommen sein, — während der Festungsgefangene immer noch seiner Befreiung entgegenharrt!!

Somit ist ganz unzweifelhaft, daß **quantitativ** die Zuchthausstrafe gegenüber der Festungs- und der Gefängnisstrafe die weitaus leichtere ist. Wenn man nun durch qualitativ verschiedene Behandlung dieses Quantitätsverhältnis auszugleichen, und gar es dahin umzukehren suchen wollte, daß trotz desselben die Zuchthausstrafe zur schwersten, die Festungsstrafe zur leichtesten gemacht wird: zu welchen Martern müßte man da greifen dem Zuchthäusler gegenüber, oder wie müßte man den Gefängnis- und gar den Festungssträfling zärtlich auf Rosen betten! — — — Es ist das eben einfach nicht ausführbar.

Daraus ergibt sich, daß zuallernächst diese quantitativen Unterscheidungen beseitigt werden müssen, nämlich durch Auf-

---

§ 23 Str.G.B: „Die zu einer längeren Zuchthaus- oder Gefängnisstrafe Verurteilten können, wenn sie drei Vierteile, mindestens aber ein Jahr der ihnen auferlegten Strafe verbüßt, sich auch während dieser Zeit gut geführt haben, mit ihrer Zustimmung vorläufig entlassen werden."

[24]) Von den §§ 74, 79 Str.G.B., die ihn noch günstiger stellen, sogar ganz abgesehen.

hebung des § 21 Str.G.B., und durch Ausdehnung des § 23 Str.G.B. auch auf die Festungssträflinge. Und in demselben Sinne ergibt sich die Beseitigung der qualitativen Unterschiede, welche nach den voraufgehenden Ausführungen nur auf dem Papiere stehen, und nichts als Täuschung sind.

Aber hiermit noch lange nicht genug! Neben den negativen Änderungen des Str.G.B. sind positive ebenso notwendig, wenn man den Zweck erreichen will, und hierzu weiter, daß man über den Zweck der Strafen, die man verhängt, sich klar wird.

Bei dem Erlaß des Str.G.B. war dazu keine Zeit. Das ganze Einheitswerk des Strafgesetzbuchs wäre sehr wahrscheinlich gescheitert, wenn man sich auf eine Erörterung der „Strafzwecke" eingelassen hätte; und daher ist's ganz dankenswert, daß man davon sich fern gehalten. Jetzt aber steht die Sache anders. Das Einheitswerk ist da und wird nicht mehr gefährdet, wenn man es auszubauen sucht. Im Gegenteil, dann leidet es Gefahr, wenn der hochnötige Ausbau versäumt wird.

Man hört nicht selten unsre Gefängnisse und Zuchthäuser als die Elementar- und hohen Schulen des Verbrechens bezeichnen, in denen die Sträflinge durch den Verkehr mit ihren Mitgefangenen zur ferneren Verbrecherlaufbahn erst recht an- und ausgelernt würden. Ein schwerer, übermäßig schwerer Vorwurf, der ganz allein genügen muß, um die Verbesserung unseres Gefängnis- und Zuchthaussystems mit allen Mitteln anzustreben! Und doch noch nicht der schwerste Vorwurf; und die Bekämpfung seiner nicht die schwierigste! Denn zur Bekämpfung genügt hier schon die Einzelhaft (so schwer immerhin sie in der Praxis wirksam durchzuführen sein mag), und er erreicht doch wenigstens sein Ende mit der Entlassung aus der Gefangenschaft selbst.

Richtet man aber das Augenmerk auf die Zeit nach der Entlassung des Sträflings und seinen Wiedereintritt in die Gemeinschaft der Menschen, und fragt man, wie gut oder schlecht er hierzu vorbereitet ist in der Gefangenschaft und durch die Strafe, so ist das Bild, das sich hier darbietet, ein wahrhaft erschreckendes.

Zwar bei kurzzeitigen Haft-, Festungs- oder Gefängnisstrafen ist das Verhältnis noch nicht gar so schlimm in dieser Beziehung. Der nach kürzerer Zeit wieder entlassene Gefangene findet wohl meistens seine Lebensverhältnisse und Lebensbedingungen noch ziemlich ebenso wieder, wie er sie verlassen hat; — zumal eine eigentliche Ehrlosigkeit jenen Strafarten nicht anhaftet.

Ganz anders bei langjährigen Festungs-, Gefängnis- und namentlich den ehrlos machenden Zuchthausstrafen. Solche Strafen haben in jedem Falle zunächst das negative Resultat, daß sie den Bestraften aus seinen bisherigen Lebensverhältnissen (nämlich insofern es geordnete, gute waren!) heraus reißen, den Wiedereintritt in diese ihm mehr oder weniger geradezu versperren; aber auch die Aufsuchung neuer geordneter Lebensverhältnisse erschweren sie ihm möglichst; — und was sie als Ersatz für alle diese Verluste bieten, das ist soviel wie nichts.

Schon eine länger andauernde Festungshaft, — erschütternd hat Fritz Reuter die Folgen derselben für sein weiteres Fortkommen uns geschildert! — Und doch, die Festungsstrafe (custodia honesta) hat noch nicht die Ehrlosigkeit zur Folge, die von Rechtswegen und naturgemäß den Gefängnis- und gar den Zuchthaussträfling trifft. Dort ist die gestrafte That eine, die nicht „aus ehrloser Gesinnung entsprungen ist“ (§ 20 Str.G.B.); hier ist sie gerade eine solche. Wer mag sich denn gern mit jemand einlassen, ihn in Dienst nehmen, ihm Arbeit anvertrauen, der sich zuallernächst durch die Bescheinigung legitimiert, daß er ein Mensch sei, geneigt zu gefängnis- oder gar zu zuchthauswürdigen Strafthaten! und höchstens, daß er in der Gefangenschaft sich der Hausordnung gefügt und „gut geführt“ hat?!

Nur selbstlose, vertrauensselige, christliche Nächstenliebe kann ihm hier weiter helfen. Aber die Vereine für Unterbringung entlassener Sträflinge wissen, wie schwer es ist, Arbeitgeber von solcher Nächstenliebe zu finden! und wenn sie gefunden, wie oft wird ihre Vertrauensseligkeit getäuscht! ja, und wie wenig bringen meistenteils die Sträflinge aus der Strafanstalt mit, womit sie Arbeitgebern sich empfehlen können!

Die Beschäftigung in den Zuchthäusern wie in den größeren Gefängnissen pflegt heutzutage der fabrikmäßige Betrieb auf allen möglichen Gebieten zu sein, vom Holzspalten, Federreißen, Spinnen, Spulen, Strohmattenflechten bis zur Zigarren-, Papeterie-, Goldleisten-, Schuh- und Stiefelfabrikation, Uhrmacherei, Kunsttischlerei u. s. w., und so, daß hierfür die Arbeit der Gefangenen an Fabrikunternehmer verdungen wird; — und wie hiermit ausdrücklich zu betonen, kann sie nach heutiger Gesetzeslage eine andre nicht wohl sein.

Diese Beschäftigung im Fabrikbetriebe hat nun zunächst zur

Folge, daß sie den Arbeiter nicht zur Selbständigkeit erzieht, sondern gerade zur Unselbständigkeit, nicht eine Stärkung des Charakters mit sich bringt, sondern gerade das Gegenteil. Und doch ist die Stärkung des Charakters, die erlangte Selbständigkeit die einzige Hoffnung, die man auf die Entlassung des Bestraften zu setzen hat, weil ohne dies er denselben Lockungen wieder erliegt, denen erliegend er zum Verbrechen kam.

Aber weiter, wo findet der entlassene Sträfling gleich eine Stätte, wo Kunsttischlerei, Uhrmacherei u. s. w. oder gar Strohmattenflechten, Federreißen u. s. w. fabrikmäßig betrieben wird?! Was also fängt er an mit den im Zuchthause erlangten Kenntnissen und Fertigkeiten?

Gerade als ich dieses schrieb, sprach der betrübte Vater eines vierundzwanzigjährigen, eben ausgelernten jungen Landwirts, der hier zu einer vierjährigen Zuchthausstrafe verurteilt worden, bei mir, dem Untersuchungsrichter, vor und bat um eine Auskunft, ob sein Sohn, den er für unschuldig verurteilt hält, nicht wenigstens noch von dem Zuchthaus abkommen könne. Meine Antwort war sehr bald gegeben mit einem achselzuckenden Nein! dem Richterspruche muß man sich nun einmal fügen, und die Beugung unters Gesetz als Beugung unter Gottes Schickung nehmen! Als aber der Mann in tiefster Trauer mir erwiderte: „Das will ich auch; aber wie bekomme ich meinen Sohn wieder nach vierjährigem Aufenthalt im Zuchthaus? Was er bisher in seinem Fach gelernt, hat er in jener Zeit gründlich vergessen. Den Achtundzwanzigjährigen von neuem in die Lehre gehen zu lassen, dazu fehlt ihm die Lust und fehlen mir die Mittel. Nicht bloß die vier Jahre der Haft sind es, sein ganzes Leben ist es, was ihm genommen und vernichtet ist!" —: ich muß gestehen, selten bin ich so bar der Tröstung gewesen, die ich so gern dem spende, der mich darum angeht. Was fängt der junge Ökonom an, so frage ich nun selber, wenn er aus dem Zuchthause kommt, verlernt hat, was er wußte, zum neuen Lernen mittlerweile zu alt geworden ist, was er im Zuchthause gelernt hat, nicht verwerten kann, dazu mit dem Fluch der Ehrlosigkeit und Charakterlosigkeit beladen?! Was fangen Tausende, so frage ich weiter, seiner Geschicksgenossen an? Zurückgestoßen von den „Ehrlichen", unfähig, ihre Existenz mit ehrlichen Mitteln zu erkämpfen, die Zuchthausgenossen ihr gebotner Umgang, — wer will es ihnen verdenken, wenn sie sich zurücksehnen nach dem Zuchthause, wo sie um Obdach und

Nahrung sich nicht zu sorgen hatten und wo sie freundliche Behandlung fanden bei einem Arbeitspensum, das sich stets in sehr mäßigen Grenzen hielt. Der oben (S. 139) erwähnte Brandstifter ist nur ein Typus für die Schar von vielen Hunderten und Tausenden, die es ganz ebenso machen, nur daß nicht immer die Sache so klar zu Tage tritt wie bei ihm.

Dieses grauenvolle, erschütternde Bild, es ist weitaus nicht Phantasie; — sondern die Rückfallsstatistik bestätigt es in dürren Zahlen. Illing in seinem Werk „Die Zahlen der Kriminalität in Preußen für 1854—1884" teilt (S. 82) u. a. eine Tabelle der rückfälligen Verbrecher in den Zuchthäusern während der Jahre 1869—1883/84 mit, aus der hervorgeht: Von den zum Zuchthaus Eingelieferten hatten 44 % schon Zuchthausstrafe erlitten und davon waren rückfällig geworden 36 % innerhalb des ersten, weitere 36 % innerhalb des zweiten, zusammen 72 %, also weit über zwei Drittel aller, in den beiden ersten Jahren nach der Entlassung. Der Rest verteilt sich mit ungefähr 14 % auf das dritte und vierte Jahr und mit ebenso ungefähr 14 % auf die späteren Jahre.

Wer diese Zahlen zu lesen versteht, dem sagen sie: Von einer bessernden (oder, wenn man will, abschreckenden) Wirkung der Zuchthausstrafe kann die Rede überhaupt nur sein bei den 54 % der Sträflinge, welche nicht rückfällig geworden sind. Bei den andern 44 % rückfälliger Sträflinge aber ist die Wirkung der Zuchthausstrafe gerade das Gegenteil der Besserung! Denn gerade gleich nach der Entlassung zeigen sich drei Viertel (72 %) der Entlassenen am tiefsten gesunken, am meisten geneigt zu wiederholten Strafthaten; erst nach und nach, d. h. erst wenn nach und nach die Wirkungen des Zuchthauses durch irgend welche andere Umstände paralysiert sind, vermindert die Gefahr des Rückfalls sich.

Wie gesagt, ein grauenvolles, erschütterndes Resultat unsrer Strafthätigkeit! — aber auch der schärfste Sporn, die bessernde Hand an sie zu legen!!

III.

Gesetzentwurf.

An die Stelle der §§ 14—23 und 31 des Str.G.B. treten die folgenden Bestimmungen, und zwar drei Jahre nach der Verkündigung dieses Gesetzes.

Begründung.

Aus praktischen Gründen empfiehlt es sich, dem Gesetz die Form einer Novelle zum Str.G.B. zu geben, in der dasjenige, was von dem bestehenden Recht bestehen bleiben soll, mitzuverarbeiten ist.

Der Anfangspunkt der Geltung des Gesetzes ist ziemlich weit hinaus zu schieben, weil die Ausführung desselben geraume Zeit in Anspruch nehmen wird, nachdem zunächst erst die Prinzipien festgestellt sind.

Allgemeine Bestimmungen.

§ 14. Die Freiheitsstrafen sind entweder lebenslängliche oder zeitige.

Bei Freiheitsstrafen wird der Tag zu vierundzwanzig Stunden, die Woche zu sieben Tagen, der Monat und das Jahr nach der Kalenderzeit gerechnet. Zeitige Freiheitsstrafen dürfen nur nach vollen Tagen verhängt werden.

§ 15. Die Freiheitsstrafe ist Sicherungshaft, oder einfache Strafhaft, oder geschärfte Strafhaft, oder Erziehungshaft.

§ 15a. Keinem Gefangenen dürfen andere Beschränkungen oder ein anderer Zwang auferlegt werden, als der Zweck der Haft erfordert.

§ 15b. Regelmäßig sind die Freiheitsstrafen in Einzelhaft zu vollstrecken, und insbesondere diese dem Gefangenen thunlichst zu gewähren, wenn er es wünscht.

Gefangene, gegen welche auf Verlust der bürgerlichen Ehrenrechte erkannt ist, sind regelmäßig von anderen Gefangenen getrennt zu halten.

Ausnahmen sind zulässig.

§ 16. Die Kosten der Gefangenschaft hat der Gefangene zu tragen. Ist der Gefangene arm, so trägt der Staat die Kosten der Gefangenschaft.

§ 17. Für die Gefangenanstalten sind unter Mitwirkung der Landesjustizverwaltung Hausordnungen nach Maßgabe dieses Gesetzes zu erlassen, durch welche die Ordnung, Sicherheit, Reinlichkeit und Gesundheit in der Gefangenanstalt, die Zulässigkeit und der Vollzug der Einzelhaft und der Gesamthaft, die Verpflegung, die Beschäftigung, der Arbeitsverdienst und der Gottesdienst der Gefangenen, sowie die gegen sie anzuwendenden Zwangsmaßregeln, endlich die Pflichten und Rechte der Gefangenanstaltsbeamten, und der Beschwerdeweg gegen die Anordnungen derselben zu regeln ist.

§ 17 a. In den Grenzen der Hausordnung darf der Gefangene in der Sicherungshaft (§§ 20, 20 a) und in der Strafhaft (§§ 21—21 f) für seine Verpflegung selbst sorgen.

§ 18. In den Grenzen der Hausordnung darf der Gefangene in der Sicherungshaft (§§ 20—20 a) und in der Strafhaft (§§ 21—21 f) seine Beschäftigung selbst wählen.

Thut er dieses nicht, so sind ihm von der Gefangenanstaltsverwaltung Arbeiten zuzuweisen, die seinen Fähigkeiten und Verhältnissen angemessen sind.

§ 18 a. Solange die Kosten der Gefangenschaft nicht gedeckt sind, darf der Gefangene sich keiner der ihm zugewiesenen Arbeiten weigern, weil sie seinen Verhältnissen nicht angemessen sei.

§ 18 b. Zu Arbeiten außerhalb der Gefangenanstalt darf der Gefangene gegen seinen Willen nicht angehalten werden.

Ausnahmen sind [für die nach § 362 Str.G.B. Verurteilten und] für die Erziehungshaft (§§ 22—22 d) zulässig.

§ 18 c. Wird durch die dem Gefangenen zugewiesene Arbeit ein Gewinn oder eine Ersparnis für die Gefangenanstalt erzielt, so gebührt dem Gefangenen ein Teil davon als Arbeitsverdienst.

§ 19. Zur Befolgung der Hausordnung sind die Gefangenen, wenn sie sich dessen weigern, durch Strafen anzuhalten.

Als solche Strafen können verhängt werden:

Verweis,

Einzelhaft, sofern der Gefangene sich bisher auf seinen Wunsch in Gesamthaft befand,

Gesamthaft, sofern der Gefangene sich bisher auf seinen Wunsch in Einzelhaft befand,

Entziehung der Selbstverpflegung, sofern der Gefangene diese bisher genoß,

Einziehung des Arbeitsverdienstes,

Kostschmälerung,

hartes Lager,

Verdunkelung der Zelle,

körperliche Züchtigung (?).

Wird von dem Gefangenanstaltsarzt bescheinigt, daß die verhängte Strafe der Gesundheit des Gefangenen Nachteil bringen würde, so ist dieselbe nicht zu vollstrecken.

Begründung.

§ 14.

Der erste Absatz reproduziert die ersten Absätze der §§ 14 und 17 Str.G.B. Der zweite Absatz entspricht dem § 19 Str.G.B. [24a])

§ 15.

Unangefochten steht, in allem Streit der Strafrechtstheorieen, für die Praxis und die Gesetzgebung der Satz: **Praktischer** Zweck aller Strafrechtspflege ist, zu bewirken, daß die gestrafte That nicht wieder begangen werde, und zwar zunächst von dem bestraften Übelthäter nicht, — und möglichst auch nicht von andern.

Auf diesen Satz ist der vorliegende Gesetzentwurf gebaut.

Dabei war die Rücksicht auf „die andern" (alte Abschreckungstheorie) zunächst gänzlich beiseite zu lassen, und nur die Lösung des Problems zu suchen, wie und durch welche Mittel jener Zweck dem Übelthäter selber gegenüber zu erreichen.

Hierfür ist nach dem gegenwärtigen Stande der Wissenschaft der alte Satz des Aristoteles als geltend anzunehmen: der besserungsfähige Übelthäter ist zu bessern, sei es (der Gelegenheitsverbrecher nämlich) durch Abschreckung, Strafübel i. e. S., sei es (der Gewohnheitsverbrecher nämlich) durch Erziehung i. e. S.; der besserungsunfähige Übelthäter ist unschädlich zu machen. [25])

Die hier betonten Zwecke, gemeinhin „Strafzwecke" genannt,

[24a]) § 14 Str.G.B.: „Die Zuchthausstrafe ist eine lebenslängliche oder eine zeitige."

§ 17 Str.G.B.: „Die Festungshaft ist eine lebenslängliche oder eine zeitige."

§ 19: „Bei Freiheitsstrafen wird der Tag zu vierundzwanzig Stunden, die Woche zu sieben Tagen, der Monat und das Jahr nach der Kalenderzeit gerechnet.

Die Dauer einer Zuchthausstrafe darf nur nach vollen Monaten, die Dauer einer anderen Freiheitsstrafe nur nach vollen Tagen berechnet werden."

[25]) Über die Grenzen dieses Satzes (Unschädlichmachung des besserungsunfähigen Bettlers u. s. w.) s. S. 167.

richtiger „Strafmittelzwecke", stellen die Strafmittellehre zur medizinischen Heilmittellehre in ein enges Parallelitätsverhältnis, das in dem Folgenden herbeigezogen und nutzbar gemacht werden wird, teils zur Erläuterung teils als Analogie.[26])

Den verschiedenen Strafmittelzwecken dienen die verschiedenen Strafmittel bald mehr bald weniger. Die Freiheitsstrafe ist geeignet, allen dreien zu dienen, wenn man sie konstruiert als Sicherungshaft (Unschädlichmachung; — in der Medizin Absperrung gemeingefährlicher Kranker), Strafhaft (Abschreckung; — in der Medizin: Arzneimittel i. e. S.) und Erziehungshaft (Erziehung i. e. S.; — in der Medizin: Kuren i. e. S.).

§ 15a, 15b

finden ihr Vorbild in den Vorschriften über die Untersuchungshaft.[27])

§ 16

bedarf nicht erst besonderer Rechtfertigung.

§ 17.

Die Verweisung auf die Hausordnungen wahrt dem Gesetze als solchem die nötige Allgemeinheit. Daß die Hausordnungen nicht ohne Mitwirkung der Landesjustizverwaltung erlassen werden dürfen, ist eine Forderung der Strafrechtspflege.

§ 17a

erfüllt die berechtigten Wünsche der Interpellationen. Ebenso

---

[26]) Unter den Gegengründen erwarte ich zunächst nicht die Anzweiflung des Besserungsprinzips. Denn wie heftig auch von mancher Seite die Angriffe gegen die Besserungstheorie sein mögen: dem Besserungsprinzip an sich versagt niemand die Anerkennung, — selbst die formalste „Gerechtigkeitstheorie" nicht! zumal wenn, wie in dem Entw. geschehen, das Besserungsprinzip auf dem doppelten Wege der Erziehung i. e. S. und der Abschreckung zur Geltung gebracht, und mit dem Sicherungsprinzip gepaart, und wenn ferner dem Gerechtigkeitsprinzip die möglichste Geltung in dem Suchen nach der richtigen Strafzumessung gegeben wird, wodurch dann ohne weiteres auch dem Prinzip der Einwirkung auf andere (Generalprävention) genügt wird — soweit dieses Prinzip als zulässig anzuerkennen.

[27]) Str.P.O. § 116. „Der Verhaftete soll, soweit möglich, von anderen gesondert und nicht in demselben Raume mit Strafgefangenen verwahrt werden. Mit seiner Zustimmung kann von dieser Vorschrift abgesehen werden.

Dem Verhafteten dürfen nur solche Beschränkungen auferlegt werden, welche zur Sicherung des Zweckes der Haft oder zur Aufrechthaltung der Ordnung im Gefängnisse notwendig sind."

§ 18.

Daß dem Gefangenen, der selbst sich nicht beschäftigt, Beschäftigungen müssen zugewiesen werden können, ist eine Forderung sowohl der Ethik als auch der Sicherheit und Ordnung in der Gefangenanstalt (Müßiggang aller Laster Anfang).

§ 18a.

Daß der Gefangene, welcher die Kosten seiner Haft nicht zahlt, und daher von dem Staat Armenverpflegung erhält, für den Staat auch arbeiten muß, ist schon jetzt Rechtens. Denn § 361⁷ Str.G.B. sagt: „Mit Haft wird bestraft, wer, wenn er aus öffentlichen Armenmitteln Unterstützung empfängt, sich aus Arbeitsscheu weigert, die ihm von der Behörde angewiesene, seinen Kräften (!) angemessene Arbeit zu verrichten."

Zu diesen Arbeiten dürfen auch die niedrigen und sog. „unsaubern" Arbeiten (Kartoffelschälen und sonstige Küchenarbeiten, Zu- und Abtragen des Essens und Trinkens, Abtragen der Nachtgeschirre, Reinigung der Kloaken und Zellen u. s. w.) gehören. Denn wer kein Geld hat, um sich bedienen zu lassen, der muß sich selbst bedienen, gleichgültig, ob er's früher gemußt oder nicht.

§ 18b

findet seine Begründung schon S. 144.

Ob man es bei der Bestimmung des § 362 Str.G.B. belassen will, ist hier als offene Frage zu behandeln, daher die Klammer.

§ 18c.

Daß der Staat keinen Gewinn aus den Arbeiten der Gefangenen ziehen darf, ist nach heutiger Rechtsanschauung unzweifelhaft.

§ 19.

Hier mag einzig und allein bedenklich sein die Zulassung der körperlichen Züchtigung als Disziplinarmittel. Ich meinerseits kann nicht sehr für die Zulassung plaidieren; mir fehlen Erfahrungen auf diesem Felde. Indessen ist der Ruf danach ziemlich allgemein; und somit mag die Frage der Prügelstrafe hier wenigstens zur Debatte gestellt sein.

Daß Strafen, welche, nach ärztlichem Urteil, der Gesundheit des Gefangenen Nachteil bringen würden, nicht vollstreckt werden dürfen, ist eine Forderung der Humanität.

Sicherungshaft.

20. Der Zweck der Sicherungshaft ist Abschließung des dazu Verurteilten gegen die Außenwelt.

Für die Vollstreckung der Sicherungshaft gelten die Vorschriften der §§ 14—19.

20a. Die Sicherungshaft findet statt, wo in den Gesetzen lebenslängliche Festungshaft oder lebenslängliches Zuchthaus angedroht ist.

Begründung.

§ 20.

Die Sicherungshaft erfüllt schon ihren Zweck, wenn (wie bei dem zu internierenden gemeingefährlichen Geisteskranken) dafür gesorgt wird, daß der Gefangene nicht fortläuft und daß er „human", d. h. nicht zu schlecht, aber auch nicht zu gut behandelt wird.

Es sind daher hier bei der Strafvollstreckung lediglich die allgemeinen Bestimmungen der §§ 14—19 des Entw. zur Anwendung zu bringen.

Die Herstellung der Hausordnungen (Entw. § 17) für die Sicherungshaft wird keine Schwierigkeiten haben. Ihr Vorbild mögen sie finden in dem Preuß. Reglement für die Gefängnisse der Justizverwaltung v. 16. März 1881 (J.M.Bl. S. 50) und ähnlichen.

§ 20a.

Die lebenslängliche Festungsstrafe und Zuchthausstrafe können einen andern Zweck als den der Unschädlichmachung nicht haben. Daher sind sie die eigentlichen Fälle der Sicherungshaft.

Die vorgeschlagene Gleichstellung beider hat nichts Bedenkliches, wenn man bedenkt, daß nach den obigen Ausführungen S. 142 ein Unterschied in der Vollstreckung der verschiedenen Freiheitsstrafen in Wirklichkeit schon jetzt nicht besteht, und daß die wirklich bestehenden Unterschiede (die vorläufige Entlassung und das Maßverhältnis zwischen Festungs-, Gefängnis- und Zuchthausstrafe) nur für die Beendigung der Haft zur Geltung kommen, für lebenslängliche Freiheitsstrafen also wegfallen.

In diesem Abschnitt ist übrigens die Frage Kinkel (S. 141) gelöst. Kinkel war zu lebenslänglichem Zuchthause verurteilt. Danach mußte er und müßte er auch noch jetzt zu Arbeiten wie Spulen u. dergl. angehalten werden. Nach §§ 20, 20a des Entw. würde ihm die Möglichkeit gewahrt sein, sich mit Geistesarbeiten zu beschäftigen, wie Voltaire in der Bastille.

Strafhaft.

§ 21. Der Zweck der Strafhaft ist Abschreckung des dazu Verurteilten von ferneren Verletzungen der Strafgesetze.

Die Strafhaft ist eine einfache oder eine geschärfte.

Der Mindestbetrag der Strafhaft ist Ein Tag, ihr Höchstbetrag fünf Jahre.

§ 21 a. Für die Vollstreckung der Strafhaft gelten die Vorschriften der §§ 20, 21—21 e.

§ 21 b. Bei der geschärften Strafhaft können Kostschmälerung, hartes Lager, Verdunkelung der Zelle als Haftschärfung verhängt werden.

Wird von dem Gefangenanstaltsarzt bescheinigt, daß eine verhängte Haftschärfung der Gesundheit des Gefangenen Nachteil bringen würde, so ist dieselbe nicht zu vollstrecken.

§ 21 c. Welche Haftschärfungen, einzeln oder in Verbindung miteinander, eintreten sollen, ist in dem Urteil zu bestimmen.

§ 21 d. Wo geschärfte Strafhaft an die Stelle einfacher Strafhaft tritt, ist die Haftdauer verhältnismäßig zu verkürzen, im entgegengesetzten Falle ist sie zu verlängern.

Über das Verhältnis der Verkürzung oder Verlängerung ist vom Gericht in dem Urteil oder durch nachgängigen Beschluß Bestimmung zu treffen.

§ 21 e. Die Strafhaft wird durch die Gerichte erster Instanz vollstreckt. § 483 Str.P.O. wird insoweit abgeändert.

§ 21 f. Die einfache Strafhaft findet statt, wo in den Gesetzen Haft oder zeitige Festungshaft angedroht ist.

Die geschärfte Strafhaft findet statt in den Fällen des § 362 Str.G.B. und, wo in den Gesetzen Gefängnis angedroht ist.

Begründung.

§ 21, § 21 a.

Die Strafhaft muß, um ihren Zweck zu erfüllen, als Ungemach („Strafübel") empfunden werden, damit bei späterer Gelegenheit die Erinnerung daran, nämlich die Furcht vor seiner Wiederholung, abschreckend wirke.

Als Strafübel muß die Strafhaft einerseits eine strenge sein; denn sonst verfehlt sie gänzlich ihren Zweck, anderseits eine nicht zu lange; denn sonst wird sie sowohl zur Grausamkeit, als auch verliert sie dennoch ihre Wirkung, weil der Gefangene mit der Zeit sich selbst an sie gewöhnt.

Hinsichtlich der V e r k ü r z u n g der Strafhaft ist bei § 21 d Entw. das Nötige zu sagen.

Für die Verschärfung der Strafhaft braucht man nicht erst viele Gründe anzugeben; die Überhumanität unsrer Gefängnisse ist ja einer der Hauptvorwürfe, die man gegen die Strafrechtspflege erhebt. Indessen würde eine solche Verschärfung der Strafhaft doch nicht überall das Richtige treffen. Denn neben dem Strolch, der sich in das Gefängnis sehnt und sich darin so „wohl und munter" befindet (S. 140), gibt es doch auch viele, denen die Einsperrung an sich schon ein hinlänglich schwer empfundenes Ungemach ist. Daraus ergibt sich die Notwendigkeit, neben der geschärften auch die einfache Strafhaft zuzulassen, welche der Sicherungshaft gleich zu vollstrecken ist.

§ 21 b, § 21 c, § 21 d.

Die geschärfte Strafhaft darf ihr Vorbild finden in dem Reichs-Militärstrafgesetzbuch vom 20. Juni 1872 (§§ 24–27) und dem Militär-Strafvollstreckungsreglement vom 2. Juli 1873 (§§ 18, 19). Dort kommt bekanntlich (neben andern Freiheitsstrafen, die uns nicht interessieren) die Strafe des Arrestes in drei verschiedenen Graden vor, als gelinder, mittlerer und strenger Arrest. Der gelinde Arrest ist fast ganz der Sicherungshaft bezw. der einfachen Strafhaft gleich, wie sie der Entw. vorschlägt. Beim mittleren und beim strengen Arrest treten Haftschärfungen hinzu, dort Wasser und Brot statt warmer Kost, und eine harte Lagerstätte statt des Bettes, hier weiter eine dunkle Zelle statt der hellen. Daneben ist bestimmt, daß jeden vierten Tag die Haftschärfungen in Wegfall kommen, und in demselben Sinne ferner angeordnet, daß wenn der Gesundheitszustand des Verurteilten die Verbüßung des strengen oder des mittleren Arrestes nicht zuläßt, eine gelindere und dabei kürzere Arrestart einzutreten habe, wobei für die Umrechnung der einen Arrestart in eine andre bestimmte Verhältniszahlen angegeben sind.[28])

---

[28]) Milit.Str.G.B. § 24. „Der gelinde, der mittlere und der strenge Arrest werden in Einzelhaft verbüßt. Der Höchstbetrag des strengen Arrestes ist vier Wochen."

§ 25. „Der mittlere Arrest wird in der Art vollstreckt, daß der Verurteilte eine harte Lagerstätte und als Nahrung Wasser und Brot erhält. Diese Schärfungen kommen am vierten, achten, zwölften und demnächst an jedem dritten Tage in Fortfall."

§ 26. „Der strenge Arrest wird in einer dunkeln Arrestzelle, im übrigen wie der mittlere Arrest vollstreckt. Die Schärfungen kommen am vierten, achten und demnächst an jedem dritten Tage in Fortfall."

§ 27. „Läßt der körperliche Zustand des Verurteilten die Verbüßung des strengen oder mittleren Arrestes nicht zu, so tritt eine gelindere Arrestart ein."

§ 54. „— — Bestehen die zusammentreffenden Freiheitsstrafen nur in Arreststrafen, so darf auch die Gesamtstrafe nur in Arrest bestehen. Sind die Arrest-

Ob sich's empfehlen sollte, diese festen Bestimmungen des Militärstrafgesetzbuches unmittelbar auch auf das Zivilstrafvollzugsgesetz zu übertragen, mag zweifelhaft sein. Daher ist vorgeschlagen, hier dem richterlichen Ermessen einen größeren Spielraum zu wahren. Daß aber im übrigen die Einführung der geschärften Strafhaft mit allseitiger Befriedigung aufgenommen werden wird, das ist f. z. f. völlig unzweifelhaft; zumal die neuerlichen Erhebungen ergeben haben, wie wenig „gesundheitsgefährlich" der mittlere und strenge Militärarrest ist, [29]) so daß also in sanitärer Beziehung an sich nichts

---

strafen ungleichartige, so gilt Ein Tag strengen Arrestes gleich zwei Tagen mittleren Arrestes, Ein Tag mittleren Arrestes gleich zwei Tagen gelinden Arrestes."

[29]) Hierüber sagt ein Schreiben des Reichskanzlers an den Reichstag vom 4. März 1886:

„Bei der Beratung des Entwurfs eines Militär-Strafgesetzbuchs hat der Reichstag in seiner Sitzung vom 8. Juni 1872 beschlossen, den Reichskanzler zu ersuchen, 1) zu veranlassen, daß eine sachverständige und umfassende Untersuchung darüber angestellt werde, welche Einwirkung auf die Gesundheit die Vollstreckung des mittleren und des strengen Arrestes ausübe, ob und inwieweit nachteilige Wirkungen wahrzunehmen sind, welche mit der besonderen Art der Ernährung und des Aufenthaltes zusammenhängen; 2) das Ergebnis dieser Untersuchung zur Kenntnis des Reichstags zu bringen. Die in dieser Resolution in Anregung gebrachten Erhebungen sind von der Militärverwaltung zunächst für das Halbjahr vom 1. April bis Ende September 1873 angestellt und sodann während eines zwölfjährigen Zeitraums, nämlich in der Zeit vom 1 Oktober 1873 bis 30. September 1885 fortgesetzt, demnächst aber mit dem letztgedachten Zeitpunkte eingestellt worden, nachdem das eingegangene Berichtsmaterial eine ausreichende Grundlage für die Beurteilung der angeregten Frage verschafft hat. Die angestellten Erhebungen haben folgendes Ergebnis gehabt.

In dem Zeitraum vom 1. April 1873 bis 30. September 1885 sind bei 1 385 451 vollstreckten Arreststrafen im ganzen nur 50 Erkrankungen zu verzeichnen gewesen, welche auf die Verbüßung einer ordnungsmäßig vollstreckten Strafe im mittleren oder strengen Arrest zurückzuführen waren. Es sind hierbei — dem Sinne der Reichstagsresolution entsprechend — diejenigen Erkrankungen nicht mitgezählt worden, welche mit der Strafe nur in einem zeitlichen, nicht aber ursächlichen Zusammenhange standen oder durch Unregelmäßigkeiten in der Strafvollstreckung bedingt waren. Mehr als die Hälfte der 50 Krankheitsfälle, nämlich 29 (d. i. 58 Prozent), bestand in Affektionen der Verdauungsorgane, bei 9 (d. i. 18 Prozent) handelte es sich um Folgezustände des längeren Liegens, der Rest von 12 verteilt sich auf Affektionen der Respirations- und Zirkulationsorgane, der Augen, sowie auf Allgemeinerkrankungen. Gestorben ist von diesen 50 Erkrankten keiner. Rechnet man auch diejenigen Erkrankungen von Arrestaten hinzu, welche überhaupt während der Strafverbüßung oder in direktem Anschluß an dieselbe, wenn auch nicht als deren Folge aufgetreten sind, so beläuft sich die Gesamtzahl der Krankheitsfälle (einschließlich der erwähnten 50) auf 291. Es kommt sonach auf 4761 Arrestaten je 1 Erkrankung überhaupt und auf 27 709

entgegensteht, die Verschärfung und Verkürzung der Strafhaft in Anwendung zu bringen — zum Vorteile der Strafwirkung an dem Bestraften, zum Vorteile seiner Familie, welcher der Ernährer schneller wieder zurückgegeben wird, und zum Vorteil des Staatssäckels, der die Kosten des Strafvollzugs zu tragen hat.

§ 21 e.

Damit der Richter in der Lage sei, die Zumessung der Strafschärfungen sowie die Umrechnung der einfachen und der geschärften Strafhaft richtig vorzunehmen, ist es erforderlich, daß er die von ihm verhängten Strafen auch selbst vollstrecke; — sonst ist er einem Arzt gleich, der nur die Arznei zu verschreiben, dann aber um deren Wirkung sich nicht zu kümmern hätte.

Gleichwie nun aber in der Medizin die richtigen Grundsätze der Heilmittellehre nur so gefunden werden, daß die ausübende Therapie durch experimentelle und statistische Beobachtung das Material für die therapeutische Wissenschaft schafft, und die danach von dieser aufgestellten Regeln, nach dem Prinzip der Individualisierung, kontrolliert, prüft und weiter bildet, so ist auch in der Jurisprudenz zu den richtigen Strafzumessungsvorschriften nur zu gelangen, wenn der Richter, der zuerst nur nach seinem freien, ungebundenen Arbitrium die Strafen verhängen kann, die Wirkung derselben kontrolliert teils mit Hilfe der Kriminalstatistik, welche die Wirkungen der Strafrechtspflege in großen Zahlen notiert, nicht minder aber auch durch eigne persönliche Beobachtung.

Solche Beobachtungen zu machen sind gegenwärtig nur die Amtsgerichte in der Lage, wenn ihnen gemäß § 483 Str.P.O.[30]) die Strafvollstreckung übertragen ist, wie dies z. B. in Preußen geschehen ist.[31]) In die gleiche Lage müssen aber auch die Landgerichte

---

Arrestaten je 1 Erkrankung, welche als Folge der ordnungsmäßig verbüßten Strafe anzusehen war. — Vergleicht man damit das Erkrankungsverhältnis der dienstthuenden Mannschaften der Armee, so ergibt sich, daß in den Rapportjahren von 1873/74 bis 1883/84, selbst wenn nur die Lazareth- und Revierkranken in Rechnung gezogen, die Schonungskranken aber außer Betracht gelassen werden, auf je 1,5 Mann der Durchschnittskopfstärke der Armee 1 Erkrankung kam.

Die vorstehend angeführten statistischen Daten beziehen sich auf das Garde- und 1. bis 15. (ausschließlich des 12. Königlich sächsischen) Armeekorps."

[30]) § 483 Str.P.O. „Die Strafvollstreckung erfolgt durch die Staatsanwaltschaft u. s. w.

Für die zur Zuständigkeit der Schöffengerichte gehörigen Sachen kann durch Anordnung der Landesjustizverwaltung die Strafvollstreckung den Amtsgerichten übertragen werden."

[31]) Justizministerialreskript v. 14. Aug. 1879. J.M.Bl. S. 237.

gesetzt werden; und daher ist vorgeschlagen, an die Stelle des § 483 Str.P.O. Abs. 1 den § 21 e des Entw. treten zu lassen.

Die weitere Ausführung des gemachten Vorschlags ist den zu erlassenden Hausordnungen zu überlassen, die in den schon bestehenden Reglements Vorbilder finden, im übrigen aber den örtlichen und sonstigen individuellen Verhältnissen Rechnung tragen werden.

Dabei wird auch die Frage nach den Kosten, deren vielleicht zu fürchtende Vermehrung oder aber, wie ich vermute, erhebliche Verminderung erörtert und erledigt werden. Einerseits nämlich ist ohne Zweifel von den Gefangenen in strenger Strafhaft nicht soviel Arbeitsverdienst zu erwarten, wie jetzt. Anderseits steht wegen der Verkürzung der Strafen eine Verminderung der Ausgaben in sicherer Aussicht. Inwieweit die verminderte Einnahme und verminderte Ausgabe balancieren, läßt sich mit Genauigkeit nur nach Einsicht des Rechnungsmaterials beurteilen. Nach meiner Kenntnis von der Sache ist die Kostenersparung, und zwar eine sehr erhebliche weitaus das Wahrscheinlichere. Und die Verkürzung wird dann auch die Folge haben, daß der Verurteilte nicht mehr solange wie jetzt seinem Erwerb entzogen wird, und daß die Seinigen nicht mehr solange darben müssen, während ihr Ernährer „wohl und munter" im Gefängnisse gepflegt wird [32])

Erziehungshaft.

§ 22. Der Zweck der Erziehungshaft ist Erziehung des dazu Verurteilten zur Befolgung der Strafgesetze. Die Mittel hierzu

---

[32]) Sehr hypothetisch allerdings, aber vielleicht doch nicht gänzlich verwerflich mag folgende Rechnung gewagt werden.

Nach Starke, Die Ergebnisse der Strafrechtspflege im K. Preußen während des Jahres 1881 (Berlin 1883) sind in jenem Jahre Gefängnisstrafen verhängt: von 1 Tag bis 3 Monat in 147 459 Fällen, von 3 Monat bis 1 Jahr in 18 790 Fällen, von 1 Jahr bis 5 Jahre in 3104 Fällen, das sind (nach dem arithmetischen Mittel) im ganzen 37 092 Jahre Gefängnis.

Alle diese Strafen erscheinen gegenwärtig als einfache Strafhaft. Bei Zulässigkeit von geschärfter Strafhaft würden jene Strafen zum Teil die letztere Form annehmen. Zu welchem Teile? das läßt sich (bei dem Fehlen einer veröffentlichten Militärstrafstatistik) nur vermuten. Indessen möchte man wohl nicht sehr hoch greifen, wenn man sich die Hälfte aller Strafen als einfache Strafhaft und weiter je ein Viertel in einer Reduktion analog dem Verhältnis des einfachen zum mittleren und schweren Arreste denkt. Dann würde sich ergeben:

18 546	Jahre einf. Strafhaft	= 18 546	Jahre einf. Strafhaft
9 273	„ „ „	= 4 636	„ geschärfte Strafhaft
9 273	„ „ „	= 2 318	„ „ „
37 092	Jahre einf. Strafhaft	= 25 500	Jahre einf. und geschärfte Strafhaft,

d. h. die Gesamtzahl der erkannten Freiheitsstrafen würde eine Reduktion um etwa ein Drittel (!) erfahren.

sind die der Pädagogik überhaupt und insbesondere der gewerblichen Ausbildung bis zu den Fertigkeiten eines Handwerksgesellen oder was dem gleich steht. Fabrikmäßige Beschäftigung ist möglichst zu vermeiden. Im übrigen gelten für die Vollstreckung der Erziehungshaft die Vorschriften der §§ 14—19.

Die Erziehungshaft kann entweder ohne Zeitbestimmung oder auf bestimmte Zeit verhängt werden. In letzterem Falle ist der Mindestbetrag der Erziehungshaft Ein Jahr, ihr Höchstbetrag fünfzehn Jahre; auch darf sie nur nach vollen Monaten verhängt werden.

§ 22a. Wenn auf Erziehungshaft ohne Zeitbestimmung erkannt ist, so kann nach Ablauf eines Jahres auf Entlassung des Gefangenen angetragen werden.

Der Antrag ist von der Gefangenanstaltsverwaltung dem Gerichte, welches in erster Instanz erkannt hat, einzureichen. Dem Antrage sind die Akten der Gefangenanstalt, ein Bericht des Anstaltsvorstandes über die von dem Gefangenen gegebenen Beweise sittlicher Besserung und über eine von ihm abgelegte Prüfung in gewerblicher Beziehung beizufügen.

Vor der Beschlußfassung hat das Gericht den Antrag der Staatsanwaltschaft zur Äußerung mitzuteilen. Gegen den Beschluß des Gerichts findet die Beschwerde statt. Die Beschwerde der Staatsanwaltschaft hat aufschiebende Wirkung.

§ 22b. Wenn Erziehungshaft auf bestimmte Zeit verhängt ist, so hat das Gericht spätestens nach Ablauf dieser Zeit gemäß § 22a über die Entlassung des Gefangenen zu beschließen. Fällt der Beschluß gegen die Entlassung aus, so ist zugleich eine neue Strafzeit festzusetzen, und zwar wiederum in den Grenzen des § 22.

§ 22c. Die Erziehungshaft findet statt, wo in den Gesetzen zeitige Zuchthausstrafe angedroht ist. Wo das Gesetz die Zuchthausstrafe nicht ausdrücklich als eine lebenslängliche androht, ist dieselbe eine zeitige.

§ 22d. Wo das Gesetz die Wahl zwischen Zuchthaus und Festungshaft gestattet, darf auf Erziehungshaft nur dann erkannt werden, wenn festgestellt wird, daß die strafbar befundene Handlung aus einer ehrlosen Gesinnung entsprungen ist.

Begründung.

§ 22.

In diesem Abschnitt muß, abweichend von den früheren, auf die Strafzumessung eingegangen werden. Denn hier beruht auf der Dauer der Strafe deren Wesen.

Im Gegensatz zur Strafhaft, welche auf im voraus bestimmte Zeitdauer verhängt wird, stellt der Entw. für die Erziehungshaft die Forderung und macht den Vorschlag: daß die Erziehungshaft „bis zur Besserung", d. h. nicht auf eine vorausbestimmte Zeitdauer, oder, wenn etwa so, dann mit dem Vorbehalt einer Verlängerung, falls jener Zweck noch nicht erreicht worden, verhängt werden soll.

Diesen Vorschlag erwartet heftiger Widerspruch. Er bedarf daher einer besonderen Begründung, die ihre Anlehnung vornehmlich bei der medizinischen Heilmittellehre zu suchen hat.

In der Therapie unterscheidet man zwei Kategorieen von Heilmitteln: Arzneimittel i. e. S. und Kuren i. e. S.; so auch in der Pädagogik, sowohl bei der (Tier- oder Menschen-) Dressur wie bei der intelligenten und moralischen Menschenerziehung; so endlich auch in der Strafmittellehre.

Arzneimittel i. e. S. nennt die Therapie solche Mittel, die in vorausbemessener Quantität (Dosis) angewandt, und von deren Anwendung in dieser Dosis der Heilerfolg erwartet wird. In der Pädagogik werden dieselben repräsentiert durch den Schlag (Tierdressur); auf dem andern Ende der Reihe steht der Verweis; in der Mitte soll die Strafhaft stehen; sie kommt zur Anwendung in zum voraus bestimmter Strafzeit, die zu bemessen die Strafzumessungslehre lehren soll.

Kuren i. e. S. nennt die Therapie solche Mittel, von denen der Heilerfolg erwartet wird erst nach länger andauernder Anwendung, bei denen man die Quantität (Zeitdauer) erst nachträglich und nach Prüfung des eingetretenen Erfolgs bestimmt, zum voraus aber zu bestimmen, wann die Kur zu beendigen, man nicht, oder doch nur mit der Bedeutung eines Versuches in der Lage ist. Die Kuren werden in der Pädagogik repräsentiert durch das An- und Abgewöhnen (Tierdressur); auf dem andern Ende der Reihe steht der intelligente und moralische Unterricht; in der Mitte soll die Erziehungshaft stehen.

Auch hinsichtlich dieser letzteren ist es als möglich und wahrscheinlich anzunehmen, daß die Strafzumessungslehre einst dazu gelangen mag, für die Vorausbemessung der Strafzeit die Regeln festzustellen, — wie ja auf andern Gebieten (Schule, Militärdienst, Handwerkslehre, Universitätsstudium und dergl.) solche Regeln in der That bereits gefunden und die zur Ausbildung auf diesen Gebieten durchschnittlich erforderlichen Zeiten festgesetzt sind. Aber auf allen diesen Gebieten ist die Festsetzung der Zeitdauer doch immer nur eine vorläufige, ein Versuch; und die Ausbildung findet (der Tendenz nach) ihr Ende nicht lediglich durch den Ablauf der Zeit, sondern erst, wenn durch die nachgängig vorgenommene Prüfung dargethan wird, daß das Ziel erreicht ist.

Zu etwas Weiterem kann auch die Strafmittellehre nicht gelangen, — und zwar um so weniger, je mehr sie sich von der (mechanischen) Tierdressur zur (intelligenten und moralischen) Menschenerziehung hinwendet. Ja, es ist geradezu ein grober pädagogischer Fehler, wenn man diese Erziehung auf festbestimmte Dauer anordnet, nach deren Ablauf sie unbedingt ihr Ende finden soll, anstatt dies Ende von einer nachgängig vorzunehmenden Prüfung abhängig zu machen.

Denn bei der Dressur wird der Zögling (Tier oder Mensch) nur als Objekt behandelt, die Furcht vor der möglichen Wiederholung des geschmeckten Strafübels (Schlag, — Strafhaft) wird, wenn das richtige Strafübel angewandt wird, ihm eingepflanzt und in ihm wirksam gemacht, er mag wollen oder nicht.

Bei der (intelligenten und moralischen) Menschenerziehung dagegen ist der gute Wille des Zöglings gerade die wesentlichste Grundlage, auf der die ganze Hoffnung des Verfahrens ruht.

Nun hemmt aber, nach bekannter pädogogischer Erfahrung, nichts so sehr den guten Willen des Zöglings, als wenn derselbe, der sich der Zucht nur ungern unterwirft, im voraus weiß, daß in bestimmter Frist sie ihr Ende nimmt, mag sie ihr Ziel erreicht haben oder mag sie es nicht. Fast mit Notwendigkeit wird dann des Zöglings Sinn viel mehr davon voll sein, das Ende seiner Zucht heranzuzählen, als daß er etwas dazu thun sollte, dies Ende möglichst bald herbeizuführen; wie denn auch dieses Tagezählen in allen Gefangenanstalten eine Lieblingsbeschäftigung der Gefangenen ist, die ja doch kaum etwas dazu zu thun vermögen, die Haft sich zu verkürzen, und denen eine Verlängerung derselben niemals droht.

Obwohl nun das bisher Erörterte nicht angefochten werden kann und auch nicht angefochten werden wird, so hat der daraus gezogene Vorschlag einer „Strafe bis zur Besserung" doch, wie gesagt, einen gar heftigen Widerstand zu erwarten, und zwar von verschiedenen Seiten her.

Zunächst wird es die Neuheit des Gedankens sein, welche ungewohnt berührt und zum Widerspruch reizt. Hierauf ist einfach zu erwidern einmal daß, wenn der gemachte Vorschlag nicht etwas neues brächte, auch nicht in Aussicht genommen werden könnte, die alte Kalamität zu beseitigen, und ferner, daß der gemachte Vorschlag so völlig neu nicht ist, zumal dem früheren Recht nicht,[33]) aber

---

[33]) wo man allerdings einen gar zu naiven Gebrauch von diesem Gedanken machte, und daher auch nicht erhebliche Erfolge dabei erzielt haben wird. Vgl.

auch nicht einmal dem heutigen. Denn im heutigen Recht beruht auf dem Prinzip einer „Strafe bis zur Besserung“ das Institut der vorläufigen Entlassung (§§ 23—26 Str.G.B.) und viel mehr noch (nämlich positiv, während dort nur negativ von dem Prinzip Gebrauch gemacht ist) die nach § 56 Str.G.B. zulässige Überweisung des jugendlichen Delinquenten in eine Erziehungs- oder Besserungsanstalt, in der derselbe „so lange zu behalten ist, als die der Anstalt vorgesetzte Verwaltungsbehörde solches für erforderlich erachtet“.

Ein andrer Einwurf wird dies sein, daß, wenn die Endigung der Erziehungshaft von der nach Ansicht der Behörden eingetretenen Besserung abhängig gemacht werden soll, eine jede Erziehungshaftstrafe wohl gar zu einer lebenslänglichen werden könnte! Dies, wird man fürchten, könnte der Willkür der Behörden eine gefährliche Handhabe geben, wogegen man die Interessen auch des Erziehungshaftsträflings wird schützen wollen.

Wenn man nun aber wiederum die Parallele zwischen Strafmittellehre und medizinischer Heilmittellehre zieht, und hier die Kur von Geisteskranken zum Beispiel nimmt, so ist die Frage dahin zu beantworten: Ein Heilverfahren wird eingeleitet entweder nur im Interesse des Kranken, oder auch im Interesse der Gesamtheit. Das erstere, wenn es keinen Erfolg hat, wird einfach eingestellt, und die Gesamtheit als solche kümmert sich nicht weiter darum. Dies ist der Fall bei dem ungefährlichen Geisteskranken, der, wenn er als unheilbar sich erweist, aus der Irrenheilanstalt entlassen wird. Im zweiten Falle widersprechen der Entlassung des unheilbaren gemeingefährlichen Geisteskranken die Interessen der Gesamtheit. Insofern also der Geisteskranke ein Interesse hat, entlassen zu werden, stehen nunmehr zwei verschiedene Interessen einander gegenüber, und deren gegenseitige Abwägung kann zu dem Resultate entweder der Entlassung oder auch der Nichtentlassung führen. Besteht etwa die Gemeingefahr nur darin, daß der Geisteskranke auf der Straße durch Lärm, blödsinnige Späße und Geberden und dergl. den Spaziergängern die Annehmlichkeiten der Promenade stört, so wird man kaum sich entschließen mögen, ihm auf lebenslang die Freiheit zu nehmen; sondern man wird auch ungeheilt aus der Irrenanstalt ihn entlassen und sagen müssen, daß solche Störungen des Publikums zu den Unannehmlichkeiten des unvollkommenen Erdenlebens gehören, welche nun einmal ertragen werden müssen und welche abzuwenden der Staat die Aufgabe nicht hat, und wird nur etwa bei besonderen Ausschreitungen den Geisteskranken ab und zu in Verwahrung nehmen (Palliativmittel!). Ist aber der Geisteskranke ein solcher, welcher Menschen zu töten, Feuer anzulegen, öffentlich

---

für Preußen Verord. v. 26. Febr. 1799, Just.Min.Reskr. v. 18. April 1810 23. Jan. 1819, 10. April 1819, 20. Juni 1831, 24. Juni 1832, 17. Juni 1839 (Ergänz. u. Erläut. d. Preuß. Rechtsbücher II S. 647, 568 Suppl. S. 116)

Unsittlichkeiten zu verüben u. s. w. den bösen Trieb hat, so wird man ihn auf lebenslang einsperren — und zwar gleichgültig, ob man dies von Anfang an in Aussicht genommen, oder ob man ihn behufs Versuchs der Heilung in die Anstalt verwiesen, sei es „bis zur Heilung", sei es auf eine bestimmte Zeit, von der man annahm, daß sie zur Heilung genügen werde. Selbst wenn man sagen müßte, der Kranke ist nur deshalb nicht geheilt, weil die mit ihm versuchte Kur (und gerade die Einsperrung) nicht das richtige Heilmittel war: dann wird man ihn zu einer andern Kur, einer andern Heilanstalt überführen; — aber einfach ihn zu entlassen, das verbietet wohl auch in diesem Fall die Sicherheit der Gesamtheit!

Dies ist das Schema auch für die Erziehungshaft. Auch bei ihr spricht, wie bei allen Strafverfahren, der Sicherungszweck sehr wesentlich mit: die Gesamtheit soll gegen die zu besorgenden rechtsfriedenstörenden Gefahren, die von dem Übelthäter drohen, sei es durch Unschädlichmachung des besserungsunfähigen, sei es durch Abschreckung oder Erziehung des besserungsfähigen, gesichert werden.

In beiden Fällen steht das Interesse der Gesamtheit dem Interesse des Übelthäters entgegen, von dem vorausgesetzt wird, daß ihm an seiner Nichtverhaftung bezw. an der möglichst baldigen Beendigung der Haft und insbesondere an der Nichtausdehnung derselben bis an seinen Tod gelegen ist. Die Abwägung dieser entgegenstehenden Interessen kann nun bald zur Nichtentlassung führen bald zur Entlassung, und zwar nicht bloß des Gebesserten, sondern auch des nichtgebesserten Besserungsunfähigen. Sind nämlich die zu besorgenden Rechtsfriedensstörungen nur von geringerer Art, ist der Übelthäter etwa nur ein unverbesserlicher Bettler, Landstreicher, Forstdieb und dergl., so wird man gegen ihn nicht wohl die lebenslängliche Einsperrung verhängen wollen, sondern man wird gegen ihn sich mit der Anwendung der Strafhaft oder andrer Abschreckungs-Strafübel begnügen, — teils auch von ihnen noch eine Wirkung erhoffend, teils andern zur Warnung und zur Beruhigung und Stärkung von deren Rechtsgefühl (Palliativmittel!). Ist aber der Übelthäter ein Hochverräter, Mörder, Notzüchtler, Brandstifter, und erweist ein solcher sich als unverbesserlich, — so wird man nicht Anstand nehmen dürfen, einen solchen Menschen auf lebenslang in Haft zu halten, mag die Verurteilung auch nicht von vornherein auf lebenslängliche (Sicherungs-) Haft gelautet haben.

Auch dieser Deduktion wird nicht zu widersprechen sein, und somit darf die Forderung einer Erziehungshaft „bis zur Besserung" **im Prinzip** als begründet angesehen werden. Damit ist man aber freilich noch nicht gar weit. Denn die Ausführung und praktische Gestaltung des Prinzips ist die große Schwierigkeit, und diese Schwierigkeit weiter der Grund der anscheinenden Erfolglosigkeit aller bisherigen „Besserungstheorieen" und des gegen diese erhobenen Widerspruchs. Nun ist zwar anderseits die Ordnung dieses Punktes die eigentliche Aufgabe der das Prinzip ausführenden Hausordnungen; und hier wird der technische Rat der praktischen Strafanstaltsbeamten in erster Linie heranzuziehen sein. Aber so ganz darf doch auch der Entw. sich dem nicht entziehen, wenigstens in allgemeinen Grundzügen anzudeuten, wie man sich etwa die Ausführung des Prinzips zu denken hat.

Die Schwierigkeit der Ausführung wird hauptsächlich dadurch gegeben, daß zu den Zuchthäusern, — die man gegenwärtig als die Repräsentanten der Erziehungshaft anzusehen hat, — ein so erhebliches Kontingent gerade von den sog. „gebildeten Klassen" gestellt wird, und daß sämtliche Insassen der Zuchthäuser erwachsene und s. z. s. „erzogene" Personen (nämlich über 18 Jahre alt[34])) sind. Was, muß man fragen, soll die Erziehungshaft gerade mit solchem Material anfangen?

Nun, bei allen, „erzogenen, ungebildeten und gebildeten", Zuchthäuslern hat die bisherige Erziehungsthätigkeit in einem Punkte nicht erreicht, wonach sie strebte oder zu streben hatte, die moralische Erziehung. In dieser Beziehung ist also eine Nacherziehung ganz selbstverständlich nötig. Das Mittel hierzu ist ebenso selbstverständlich der Unterricht in der Moral; und hier werden die Erfahrungen der Gefängnisvereine, der Vereine für Unterbringung und Pflege entlassener Sträfling und Verwahrloster, der Rettungshäuser, und überhaupt der inneren Mission die Hausordnungen diktieren. Vom strafrechtlichen Standpunkt aber ist hier die Einzelhaft vor allem zur Geltung zu bringen, welche, indem sie dem Gefangenen Gelegenheit gibt, sich auf sich selber zu besinnen, in ihm das Bewußtsein seiner Strafwürdigkeit wecken soll.

Und nicht bloß in diesem moralischen Kranksein (moralischen Defekt) sind alle Zuchthaussträflinge einander gleich, sondern ferner auch darin, daß sie alle bisher es vorgezogen haben, ihren Gelüsten nachzuleben, anstatt im Arbeiten und Schaffen ihre Lust zu finden. Indessen hier scheiden sich dieselben schon in zwei verschiedene Kategorieen.

Die eine Kategorie kam zum Verbrechen, weil sie die Mittel zur Befriedigung ihrer Lüste auf ehrliche Weise sich zu beschaffen nicht vermochte. Für diese nun, die aus Erwerbsunfähigkeit gefehlt, ist das zweite Mittel der Nacherziehung schon von selbst gegeben: man bilde in der Erziehungshaft die Erwerbsunfähigen zu Erwerbsfähigen aus (intelligente, technische Erziehung), — und man hat die Hauptquelle des Verbrechens bei ihnen schon verstopft! Auf welchem Gebiete man sie zur Erwerbsfähigkeit erziehen soll, ist an sich gleichgültig. Jedoch ist empfehlenswert ein möglichst internationales Gebiet zu wählen, um dem Sträfling die Möglichkeit zu verschaffen, nach der Entlassung sich seinen Erwerb in möglichst

[34]) § 57 Str.G.B.

großem Umkreis, insbesondere auch außerhalb Landes zu suchen. Aus diesem Grunde empfiehlt sich als Erziehungsgebiet vornehmlich das Handwerk und das Kunstgewerbe: erlangt der Sträfling hierin die Fähigkeiten und Fertigkeiten eines Gesellen etwa, oder was dem gleichsteht, so darf man hoffen, ihn in möglichst weitem Umfang erwerbsfähig gemacht zu haben. So ausgerüstet kann er dann jenseits des Meeres sich eine neue Zukunft gründen. Aber auch in der Heimat wird nun ihm und den dafür wirksamen Vereinen seine Unterbringung ungleich leichter gelingen, als wenn er nur die Bescheinigung mitbringt, daß er im Zuchthause gesessen und etwa, daß er dort sich „gut geführt" hat. Man darf nicht sehr bedenklich sein, anzunehmen, daß das Handwerk sich nicht sehr dagegen sperren wird, den Zuzug solcher in der Erziehungshaft ausgebildeten Gewerbsgenossen sich gefallen zu lassen; und ganz und gar wird dasselbe es für keine Schande halten dürfen, daß eben es es ist, das dem gefallenen Bruder zuerst die Nächstenliebepflicht leistet, die Hand zum Wiederaufstehen ihm zu bieten.

Dazu kommt ferner dies: die Handwerker klagen, daß die Zuchthäuser durch die Sträflingsarbeit ihnen gefährliche Konkurrenz machen. Die Klage ist nicht unbegründet. Allein was ist ihr Grund? Nicht das, daß die Sträflinge in dem Zuchthaus Handwerksarbeit machen; das haben sie ja, sofern sie Handwerker waren, auch schon bisher gethan, als sie noch frei waren, und werden es wieder thun, wenn sie wieder frei sein werden; wie sollte man sich denn beklagen dürfen, wenn sie's auch in der Haft thun? Das ist es also nicht, sondern daß es Fabrikbetrieb ist, was die Zuchthäuser treiben, und daß dabei Menschen thätig sind, die weder früher im Gewerk gearbeitet haben, noch später darin arbeiten werden, das ist die Klage, die nicht ungerecht ist. Die Klage schwindet, wenn die Fabriken in den Zuchthäusern zu Handwerks-Werkstätten umgewandelt werden. Auch diese machen selbstverständlich dem Handwerk Konkurrenz, allein einmal in viel geringerem Grade, und außerdem wird diese Konkurrenz das Handwerk gerne tragen, wenn ihm dieselbe dabei tüchtige Gesellen schafft.

Fernere Bedenken gegen den gemachten Vorschlag werden hergenommen werden aus dem Kostenpunkt und aus der Schwierigkeit, Arbeit zu schaffen für die Zuchthauswerkstätten. Indessen selbst einen Mehraufwand an Kosten würden die Vorteile, die geboten werden, leichtlich decken, und außerdem, so fragt sich's doch noch, ob solch ein Mehraufwand entstehen würde. Sollte denn die Lehrlingsarbeit (denn solche soll's ja in den Zuchthäusern allerdings nur sein) weniger wert sein, als die Sklavenarbeit der Fabriken? Und die Beschaffung der Arbeit, sollten sich für die Zuchthauswerkstätten nicht bald ganz ähnliche Entreprisen finden, wie für die Zuchthausfabriken? Der Unterschied würde ja vielfach gar nicht in den Arbeiten bestehen, sondern nur darin, daß die Arbeiter nicht mehr bloß als Maschinen thätig sind, sondern an der Arbeit das Handwerk lernen. Und wenn es etwa an privater Arbeit fehlen sollte, so wird sich's nicht schwer machen lassen, daß der Staat selbst mit seinen Bedürfnissen für die Armee und die Marine, für Bauten und in jedem Fall für die Strafanstalten selbst als Arbeitgeber eintritt.

Dies mögen die Grundzüge für die Umgestaltung unsrer Zuchthäuser in Handwerks-Erziehungsanstalten sein. Die weitere Ausführung (namentlich auch, wann und in welcher Art an die Stelle der Einzelhaft die Gesamthaft zu treten hat) muß den Hausordnungen überlassen werden, für die das sog. Irische Progressivsystem[35]) wertvollen Anhalt bieten wird.

Und dieses alles, das zunächst mit Rücksicht auf den erwerbsunfähigen Erziehungssträfling deduziert ist, gilt in gleichem Maße auch für diejenigen, die nicht aus bloßer Erwerbsunfähigkeit gefehlt haben: auch sie sollen in der ernsten Freude an dem Schaffen in dem erlernten Handwerk oder Kunstgewerbe in sich ein Gegengewicht erlangen gegen die Gefahren, die unernste Arbeitsunlust und Müßiggang ihnen brachten.

Ganz insbesondere ist dann aber durch die Unterweisung des Sträflings in einem ihn nährenden Gewerbe die Sorge um denjenigen von uns genommen, der in der Haft sein bisheriges Gewerbe vergißt und durch die Haft erst erwerbsunfähig gemacht wird. Und jenen unglücklichen Vater (S. 150) kann man dann mit Grund so trösten: die bisherige Erziehung an deinem Sohn war eine verfehlte, was er bisher erlernt, genügte nicht, ihn vom Verbrechen abzuhalten; jetzt will der Staat versuchen seine Erziehung in moralischer und technischer Beziehung zu verbessern; und wenn er aus der Haft entlassen wird, so mag er immerhin vergessen haben, was er jetzt weiß, so wird er aber jedenfalls etwas verstehen, womit er sich durchs Leben und wieder zur Ehrlichkeit helfen kann!

§ 22a und § 22b

regeln das Verfahren für die Entlassung des Sträflings aus der Haft. Es hat dasselbe wohl kaum auf erheblichen Widerspruch zu rechnen, — bis auf den Hauptpunkt: Wie kann, so mag man fragen, dem Richter zugemutet werden, dem Sträfling in das Herz zu sehen, „ob er gebessert sei"? und wird nicht durch das vorgeschlagene Verfahren der Lüge und der Heuchelei Thür und Thor geöffnet werden?

Auf ersteres Bedenken zunächst die Gegenfrage: wird nicht schon jetzt dieselbe Zumutung dem Richter gestellt? und sogar in der viel schwierigeren Form, daß er nicht bloß in das Herz des Delin-

[35]) Vgl. darüber die S. 136 citierten Schriften von Tauffer. Übrigens ist dieses System auf dem Kontinent, soviel ich feststellen kann, bisher nur in Kroatien, Ungarn, Bosnien und Serbien eingeführt bezw. in Aussicht genommen.

quenten, sondern sogar in die Zukunft sehen soll: ob der Delinquent gebessert werden werde durch die ihm auferlegte zeitlich begrenzte Freiheitsstrafe?! — Die Zumutung, wie sie der Entw. stellt, ist jedenfalls die leichtere!

Sodann die Lüge und die Heuchelei. Unzweifelhaft wird viel, sehr viel gelogen und geheuchelt werden in den Erziehungshaftanstalten; ja man mag immerhin der Meinung sein, daß die in Aussicht gestellte Entlassung gar manchen Erziehungshaftgefangenen zur Heuchelei anreizen wird. Indessen fürchte man sich davor doch nicht so sehr! denn so viel Pädagogik wird man mit der Zeit doch wohl lernen können, um die Sträflinge in der Gefangenanstalt, wo die an sich schon höchst stereotype Verbrecherseele sich noch stereotyper zeigt, prüfen und „durchschauen" zu können! Zumal wenn man die Erziehung selbst und die Prüfung ihres Erfolges in einer sachgemäßen Weise einrichtet! Und hierzu dient gerade in erster Linie die Prüfung in dem erlernten Handwerk; denn hier ist Heuchelei definitiv ausgeschlossen. Aber auch weiterhin darf die bei der Erlernung eines ganzen Handwerks bewiesene Energie die Annahme der Erstarkung des Charakters überhaupt wohl begründen.

§ 22 c.

Die Erziehungshaft an die Stelle der zeitigen Zuchthausstrafe treten zu lassen, wird besonderen Bedenken nicht unterliegen.

Der letzte Satz wiederholt das bestehende Recht des § 14 St.G.B.,[36]) sowie

§ 22 d

das des § 20[37]) Str.G.B., eine Vorschrift, die mancherlei Bedenken gegen sich hat, die aber jetzt schon ohne weiteres zu verwerfen noch mehr bedenklich erscheint.

Vorläufige Entlassung.

§ 23. Die zu einer längeren Festungs- oder Gefängnisstrafe Verurteilten können, wenn sie drei Vierteile, mindestens aber Ein Jahr der ihnen auferlegten Strafe verbüßt, sich auch während dieser Zeit gut geführt haben, mit ihrer Zustimmung vorläufig entlassen werde.

---

[36]) § 14 Str.G.B. — „Wo das Gesetz die Zuchthausstrafe nicht ausdrücklich als eine lebenslängliche androht, ist dieselbe eine zeitige."

[37]) § 20 Str.G.B. „Wo das Gesetz die Wahl zwischen Zuchthaus und Festungshaft gestattet, darf auf Zuchthaus nur dann erkannt werden, wenn festgestellt wird, daß die strafbar befundene Handlung aus einer ehrlosen Gesinnung entsprungen ist."

Begründung.

§ 23.

Nach der von dem Entw. der Erziehungshaft zum Ersatz der Zuchthausstrafe gegebenen Konstruktion kann bei dieser von dem Institut der vorläufigen Entlassung nicht mehr die Rede sein.

Dasselbe paßt eigentlich überhaupt nicht mehr in das aufgestellte Freiheitsstrafsystem. Indessen für den Übergang scheint es doch noch nicht sogleich verworfen werden zu dürfen. Dann aber muß es auch für die Festungshaft verwendbar gemacht werden, — wie oben S. 148 ausgeführt worden.

Ehrlosigkeit der Zuchthaussträflinge.

§ 31. Wo in den Gesetzen Zuchthausstrafe angedroht ist, hat die Verurteilung zur Sicherungshaft oder zur Erziehungshaft die Wirkung der Aberkennung der bürgerlichen Ehrenrechte. (§ 33, § 34 Str.G.B.)

Entlassene Erziehungshaftsträflinge genügen ihrer Militärpflicht als Arbeiter im Bereich der Militärökonomie.

Begründung.

§ 31.

Die Infamie als Rechtsfolge der Verurteilung zur Zuchthausstrafe ist eine Frage, die schon bei Beratung das Str.G.B. im Reichstage starken Widerspruch erfahren hat. Es ist hier nicht der Ort, die damals geltend gemachten Gründe dafür und dagegen zu wiederholen. Wenn aber die Zuchthausstrafe des Str.G.B. in die Erziehungshaft des Entw. umgewandelt wird, und wenn von „gebesserten" Sträflingen die Rede ist, dann kommt die Frage in ein ganz neues Stadium, und muß noch einmal zur Erörterung gestellt werden. Gegenüber der Erziehungshaft erscheint es nun ganz gerechtfertigt, daß dieselbe die Folgen der Aberkennung der Ehrenrechte (§ 33, § 34 Str.G.B.)[38]) hat, d. h., worauf es hier vornehmlich

[38]) Str.G.B. § 33. „Die Aberkennung der bürgerlichen Ehrenrechte bewirkt den dauernden Verlust der aus öffentlichen Wahlen für den Verurteilten hervorgegangenen Rechte, ingleichen den dauernden Verlust der öffentlichen Ämter, Würden, Titel, Orden und Ehrenzeichen."

§ 34. „Die Aberkennung der bürgerlichen Ehrenrechte bewirkt ferner die Unfähigkeit, während der im Urteile bestimmten Zeit

1) die Landeskokarde zu tragen;

2) in das deutsche Heer oder in die Kaiserliche Marine einzutreten;

3) öffentliche Ämter, Würden, Titel, Orden und Ehrenzeichen zu erlangen;

ankommt, den Verlust von schon erworbenen Ehrenrechten und die zeitige Unfähigkeit, solche Ehrenrechte zu erwerben. Darüber aber hinauszugehen, wie § 31 Str.G.B. [39]) thut, hat keinen rechten Grund, zumal nicht nach Umwandlung der Zuchthausstrafe in die Erziehungshaft des Entw. Es genügt vielmehr, insofern die §§ 33 und 34 Str.G.B. an die Stelle des § 31 Str.G.B. zu setzen.

Anderseits ist oben (S. 143) hervorgehoben, daß in der Militärunfähigkeit der Zuchthaussträflinge zugleich eine ganz besondere Begünstigung derjenigen liegt, welche in der Militärpflicht lediglich eine Last sehen, der sie sich gern entziehen. Daher setzt der Entw. an die Stelle der dahin gehenden Bestimmung des § 31 Str.G.B. diese: „Entlassene Erziehungshaftsträflinge genügen ihrer Militärpflicht als Arbeiter im Bereich der Militärökonomie.“ Eine solche Bestimmung enthält zugleich ein wertvolles pädagogisches Moment. Denn der Militärdienst ist unstreitig das beste pädagogische Institut, an das kein anderes reicht. Und sonach ist die Einstellung des entlassenen und, — nach der Idee, — gebesserten Zuchthaussträflings hochwertvoll zur Festigung der in der Erziehungshaft eingeleiteten Besserung.

---

4) in öffentlichen Angelegenheiten zu stimmen, zu wählen oder gewählt zu werden oder andere politische Rechte auszuüben;
5) Zeuge bei Aufnahmen von Urkunden zu sein;
6) Vormund, Nebenvormund, Kurator, gerichtlicher Beistand oder Mitglied eines Familienrats zu sein, es sei denn, daß es sich um Verwandte absteigender Linie handle und die obervormundschaftliche Behörde oder der Familienrat die Genehmigung erteile.“

[39]) § 31 Str.G.B. „Die Verurteilung zur Zuchthausstrafe hat die dauernde Unfähigkeit zum Dienste in dem deutschen Heere und der Kaiserlichen Marine, sowie die dauernde Unfähigkeit zur Bekleidung öffentlicher Ämter von Rechtswegen zur Folge —“.

Nachtrag.

Nach fast vollendetem Druck dieser Arbeit erscheint soeben im „Gerichtssaal“ Bd. XXXIX Heft 1 eine Abhandlung v. Holtzendorff's „die Richtungen des Strafvollzugs und der gegenwärtige Stand der sachverständigen Meinungen“, welche, auch sonst hochinteressant, für mich die ganz besondere Bedeutung hat, daß, wenn mich etwa einmal Zaghaftigkeit ob des von mir hier eingeschlagenen neuen Weges beschleichen mochte, diese mit Einem Schlag niedergeschlagen ist.

Die Holtzendorffsche Abhandlung macht auch den Fernerstehenden das Souvenir du 3me Congrès Pénitentiaire international (Rome 1885), das ist des Albums, in welchem die gutachtlichen Äußerungen der an dem vorjährigen in Rom abgehaltenen internationalen Gefängniskongreß Beteiligten vereinigt sind, zugänglich. Indem ich nun im übrigen auf die Schrift selbst verweisen muß, citiere ich aus dem Anfang und dem Schluß derselben diese zwei Sätze: „Nach dem gegenständlichen Inhalt des Albums darf man als festgestellt annehmen, daß das praktische Endresultat der heutigen Strafrechtspflege überall ein durchaus unbefriedigendes genannt werden muß," und: „Es ergibt sich — — die Überzeugung, daß die Strafanstaltsverwaltung vor allen Dingen über eine größere Mannigfaltigkeit von Mitteln gebieten muß, um dem einzelnen Verbrecher individualisierend gerecht werden zu können, alle Individualisirung aber wieder getragen sein muß von großen Grundsätzen der Straferziehung u. s. w." Der erste Satz rechtfertigt mein Streben überhaupt, die alte Kalamität mit neuen Mitteln anzugreifen (S. 141, 165). Der zweite Satz rechtfertigt das Grundprinzip, auf welches der Gesetzentwurf gebaut ist (S. 154), an sich und im besonderen die Einführung der Sicherungshaft, der einfachen und der geschärften Strafhaft und der Erziehungshaft als materiell geschiedener Strafarten. —

Nicht unerkannt geblieben sondern mehrfach ausdrücklich ausgesprochen worden ist auf dem Kongreß auch der Gedanke, daß vor einer richtigen Strafvollstreckung zunächst eine richtige Strafzumessung notwendig sei. Diesem Problem ist der nächste Abschnitt meiner Arbeit gewidmet; und es wird darin zu erörtern sein einmal, wie der Richter die Strafe zuzumessen habe innerhalb der vom Gesetz fixierten Strafen, und sodann, wie das Gesetz die Strafen zu fixieren habe. Den Anfang dieser Erörterung habe ich gemacht in meinem „Reichsstrafrecht". Ihr Abschluß ist hinsichtlich der richterlichen Strafzumessung schon jetzt in Aussicht zu nehmen. Hinsichtlich der gesetzlichen Fixierung der Strafen (Revision des Strafgesetzes) liegt er noch in weiterer Ferne; denn dazu bedarf es zunächst des Versuchs und der statistischen Beobachtung und zwar auf Grund des Strafvollzuges. Darum ist notwendig, zunächst das Strafvollzugsgesetz selbständig zu debattieren und festzustellen, unangesehen, ob demnächst das Strafgesetz zu ändern sein wird oder nicht.

G. Pätz'sche Buchdruckerei (Otto Hauthal) in Naumburg a/S.

FSC
www.fsc.org
MIX
Papier | Fördert
gute Waldnutzung
FSC® C083411

Kolibri 360 GmbH
Ferdinand-Jühlke-Straße 7
99095 Erfurt, Deutschland
produktsicherheit@kolibri360.de